MAISON DE CAMPAGNE CONTEMPORAINE

DIY

ESPRIT LOFT

CHARME RÉTRO

STYLE INDUSTRIEL

les éditions de saxe

MILLE MERCIS À TOUS

Kajsa * Kalle * Jessica
Nellie * Lovisa * Martina
Mes modèles

Rickard, pour le prêt de sa Coccinelle

Fröjd af Sverige, Osby
Lena & Per, Ladan i Byn
Malin & Johan, Butik Norregård
Sara & Niclas, Johannishus
Kråke & Ola, Jämjö
Jeanette & Roger, Kyrkhult
Anette & Anders, Öjaby
Lize, Nybro
Anette & Nicke, Fågelsjö
Carina, Limmared
Lena & Janne, Sandvik
Kafé Helsa, Ystad
Anna-Stina, GulaHuset
Anna & Mårten, Växjö
Elin & Magnus, Kyrkhult
Qui nous ont tous ouvert leurs portes et prêté leurs splendides maisons et locaux pour les photographies de ce livre

Lundens Växthus & Margaretas Inredning pour le matériel, les plantes, le café et les fous rires

Thomas, mon mari compréhensif et encourageant - année après année, livre après livre...

Eleonor, ma rédactrice, pour son enthousiasme et son soutien

Monica qui a le don de concrétiser des rêves sous forme de livres

Tommy, photographe talentueux

Slöjd-Detaljer & Panduro pour les fournitures, les conseils avisés et l'aide précieuse

les éditions de saxe
13, rue Jules Verne
CS 40205
69630 Chaponost
www.edisaxe.com

Maison de campagne contemporaine

Traduit du néerlandais par Ludivine Verbeke
Photographie Tommy Durath
Graphisme Monica Sundberg
Rédaction Eleonor Björch Lowe

MLDI 232
ISBN : 978-2-7565-2525-9
Impression R.P.C.

SOMMAIRE

LE CHARME DES MAISONS DE CAMPAGNE N'EN FINIT PAS DE NOUS SÉDUIRE...

... MAIS FAUT-IL ENCORE SE CONTENTER DU BLANC, DU SOL AU PLAFOND ? ENVIE D'ÉVOLUTION, DE CHANGEMENT ? SUIVEZ LE GUIDE ?

Ces dernières années, la tendance « maison de campagne » a conquis les esprits. Comme une invitation à la détente, ce style à la fois rustique, esthétique et convivial, a plu aussi par sa facilité de mise en œuvre. On a cherché à reproduire l'ambiance des photographies des magazines, où couleur et style s'harmonisent à la perfection, on a invariablement peint toutes les surfaces en blanc, puis on a ajouté quelques accents discrets ; touches de gris, d'argenté, voire de lin... succès garanti.

Mais le temps passe et les modes changent. De nouvelles idées émergent et l'inspiration se renouvelle. Lassé des madones, des crucifix, des volants de dentelle et de la lavande séchée ? Place à l'innovation !

Pour autant, le style campagne n'a pas pris une ride. Synonyme de patine et d'effet vieilli, il consiste au fond à tout (ou presque) faire soi-même : peinture, couture, fabrication de meubles et d'objets décoratifs. Bien sûr, les boutiques rutilantes proposent quantités d'articles neufs d'imitation brocante, mais avec un peu de temps et de créativité, il est possible d'aménager et de décorer son intérieur par ses propres moyens. Chinez dans les vides-greniers, feuilletez les petites annonces, repeignez, réparez, recyclez ! Soyons honnête, si ce style campagne nous séduit tant, c'est aussi parce qu'on peut l'adopter sans se ruiner.

Nous sommes nombreux à avoir revêtu notre intérieur de blanc, ravis du résultat épuré et lumineux. Une base idéale, en quelque sorte. À présent, nul besoin de repeindre la maison pour changer de style, c'est tout l'avantage de l'aménagement et de la décoration d'intérieur : on modifie, transforme, rénove certains éléments, sans s'attaquer à la pièce de fond en comble ni la vider de ses meubles à la moindre nouvelle tendance. Au final, ces petites touches plus ou moins subtiles contribuent à l'ambiance générale du lieu.

Actuellement, le style campagne s'oriente vers des teintes plus foncées. On s'intéresse aux gris, aux bruns et aux noirs, que l'on associe souvent à des surfaces en bois naturelles ou à des couleurs contrastantes. Plus question de se satisfaire d'un pot de peinture blanche, il faut désormais s'intéresser de plus près aux principes d'agencement, faire preuve de bon goût, affûter son œil stylistique et flairer les bonnes trouvailles. Le mariage d'une table de salle à manger flambant neuve très tendance à une lampe industrielle et à une collection de chaises anciennes peut donner un résultat sensationnel – ou faire un fiasco complet. Conclusion : procédez à tâtons, pas de précipitation !

La recherche des contrastes est une piste à explorer. Utilisez la patine pour équilibrer l'aspect des articles neufs, par exemple. Les objets en voie de détérioration doivent être mis en valeur et exprimer tout leur charme – et non un besoin urgent de rénovation ; pour cela, jouez sur le mélange des genres.

Règle numéro un : n'oubliez pas qu'il s'agit de votre intérieur. C'est pour vous-même que vous décidez de l'aménager, pour que vous vous y plaisiez – et non pour être à la mode, faire étalage de vos talents, ou encore afficher un statut social.

Ce livre est destiné à vous inspirer de nombreuses idées, et à présenter le large éventail de ce que vous êtes en mesure de réaliser vous-même. Pour aménager un intérieur à votre image, réaliser des économies non négligeables, et avant tout : pour le plaisir !

Bon amusement,

Anna

LE STYLE CAMPAGNE AU FIL DU TEMPS

Originalité même du style campagne, le jeu sur les contrastes est ici interprété de multiples façons. Mariage audacieux du neuf et de l'ancien, des surfaces dures et des surfaces tendres, de la lumière et de l'ombre, étoffé d'une touche romantique, d'une note rétro, d'un peu de fantaisie et de charme industriel ; soyez inspiré et osez casser les codes !

MOTS-CLEFS

Contrastes
Personnalisation
Fonctionnalité
L'ancien prime sur le neuf
Recyclage
Effet rouillé
Métal
Bois naturel
Pastels poudreux
Patine et usure
Briques
Noir, gris, brun
Béton
Touches romantiques
Objets pratiques anciens
Rustique
Style industriel et atelier
Esprit bohème et artistique
Fantaisie
Associations originales

Fender
MUSTANG

EN NOIR ET BLANC | *Photographie pages 10-11*

En théorie des couleurs, le noir est considéré comme de la « lumière éteinte » ; une pièce entièrement peinte en noir est nécessairement sombre. En revanche, dans une pièce excessivement lumineuse, un seul mur noir crée un effet spectaculaire. Réfléchie par toutes les surfaces claires de la pièce, la lumière met également en valeur ce mur foncé. Sur une surface en bois, privilégiez la lasure pour les teintes noires afin de laisser apparaître le veinage et d'obtenir un résultat vivant.

DU CHANGEMENT EN UN CLIN D'ŒIL

Vous aussi avez été gagné par la fièvre du blanc, il y a quelques années ? Rassurez-vous, de petits aménagements suffiront pour changer radicalement l'ambiance d'une pièce. Les meubles blancs sont faciles à assortir ; rafraîchissez un ou plusieurs murs à votre goût et admirez le résultat miraculeux.

Le gris a longtemps été utilisé dans le style campagne comme couleur de contraste. À présent, il occupe le devant de la scène, profitez-en ! Du gris perle lumineux au gris anthracite très typé, les subtiles nuances accompagnent à merveille les teintes boisées et les beiges naturels. L'essentiel est de choisir une couleur dégageant une touche de chaleur, car le gris pur a tendance à bleuir à la lumière du jour.

COLLISION DE STYLES

Murs bruts martelés, poutres épaisses, sol en béton ciré, mobilier paysan du 19ème siècle repeint en blanc, et une pièce inattendue : une généreuse lampe Bumling blanc laqué tout droit venue des Seventies ! Le mariage des styles et des époques est un jeu très passionnant, mais pas toujours évident, car il faut oser écouter son instinct, agir en confiance et se départir de l'influence des magazines. Il s'agit là d'une démarche aux interprétations uniques et infinies.

HARMONIE

En règle générale, tout ce qui est repeint en blanc est revalorisé. Mais certains meubles sont bien plus beaux dans leur teinte d'origine. Le pin jaunâtre n'est pas mon essence de prédilection, mais les teintes brunes, riches et consistantes comptent parmi mes préférées. Toutefois, pour mettre en valeur ces meubles sombres, il faut éviter de les accumuler. Utilisez-les plutôt isolément, comme objet de contraste idéal avec le blanc, le noir et le gris. Le bois foncé apporte aussi aux couleurs pastel une dimension plus mature et profonde.

LUSTRE ET USURE

Le style campagne a ses limites. Si nous apprécions les surfaces patinées et usées, le but n'est pas de transformer la maison en marché aux puces. C'est ainsi que le contraste entre neuf et ancien joue un rôle essentiel : non seulement il rehausse tant la beauté de l'ancien que l'éclat de la nouveauté mais il prouve aussi que la présence de surfaces défraîchies est un choix assumé. Dans cette salle de bains immaculée de carreaux de faïence blancs, le pan de mur décrépit s'affirme comme un trésor du passé.

Floreal Domus
MANZANAS
Rio Negro
ARGENTINA

Hard Rock
CAFE

VALKOMM

SUR FOND BLANC

Les intérieurs blancs, où la lumière inondant jusque dans les moindres recoins donne une agréable sensation d'espace et de volume, sont les plus séduisants. Si vous vous plaisez toujours dans ce type d'ambiance, rien ne vous oblige à en changer. Pour y apporter un peu de nouveauté, pensez aux détails ; repeignez par exemple les meubles. Dans une pièce totalement blanche, les meubles noirs produisent un contraste vif – et un seul meuble détonant créera un point focal dynamique dans la pièce.

SAMUEL

AU NATUREL

Surfaces ternies, décrépies, décolorées... pour alléger le travail, utilisez les objets tels qu'ils se présentent, sans chercher à systématiquement tout repeindre, réparer ou habiller. Un principe qui permet également de multiplier les associations de couleurs ; les objets détériorés et les matériaux naturels ont tendance à estomper tout le cercle chromatique. Ainsi, l'atmosphère de la pièce convie à la détente, comme l'illustre la photographie du salon page précédente. Prudence néanmoins, car une accumulation d'éléments usés peut nuire au charme de la pièce. Ponctuez le lieu de quelques touches neuves qui apporteront éclat et énergie à l'ensemble. Par exemple, les murs seront soigneusement repeints, tandis que les meubles et les objets de décoration seront patinés, ou, à l'inverse, des textiles flambant neufs viendront compenser un enduit brut et un parquet ancien. Enfin, quelques notes colorées sont appréciées ; audace d'un meuble ou d'un objet de couleur vive, ou bouquets de fleurs et plantes vertes en option discrète mais tout aussi efficace – le jaune vibrant d'une fleur de tournesol est un enchantement.

ALLIAGE CRÉATIF

Inutile de vous ruer dans les boutiques pour vous procurer les objets tendance. Bien au contraire ! Car s'il est un style très actuel, c'est celui de l'aménagement personnalisé et du mélange des genres.

Pour y parvenir, il faut oser expérimenter, et l'idéal – le plus simple et le moins onéreux – pour réaliser vos essais est d'utiliser ce que vous avez à disposition. Considérez cela comme un défi : tirez profit de ce qui est déjà en votre possession, ou de ce qui peut être acheté en seconde main pour une somme modique. Il y aura des échecs, sans doute, mais qui ne tente rien...

Un placard mural en aggloméré plaqué pin et une étagère métallique semblent former au premier abord une association improbable. Il aura suffit d'un peu de couleur pour éliminer le moindre doute ! L'étagère a été repeinte en gris anthracite à la bombe aérosol, et le placard a été couvert d'une teinte gris clair également utilisée pour les nouvelles planches en bois formant les étagères. Avec ses surfaces intérieures tapissées de feuilles de livres et de partitions musicales, le placard banal prend des airs de cabinet de curiosités. Une pointe de romantisme ancien + ligne industrielle moderne = meuble unique et personnalisé pour une bouchée de pain.

CHARME DÉSUET

La petite console dorée chargée de fioritures porte l'empreinte du temps – c'est justement ces traces d'usure qui font l'intérêt de ce meuble. Le plateau d'origine, en marbre, a été remplacé par une planche de bois épaisse pour un aspect à la fois plus brut et plus simple. Décorations dorées, noir saisissant et blanc éthéré, sol en béton brut, peau de mouton, une baratte ancienne recyclée en pot de plante, ainsi qu'une chaise à barreaux usée ; l'ensemble forme un mélange inattendu et réussi.

MIX & MATCH

Nous nous définissons souvent nous-mêmes ainsi : comme un mélange hétéroclite. Nous aimons les fioritures et le style romantique à petite dose, tout autant que ce qui est simple, brut et naturel. Pourquoi se priver de l'un au profit de l'autre ? Amusez-vous à croiser les influences !

Ci-dessus, une table démodée a fait peau neuve : les pieds en bois tourné repeints en noir sont mis en valeur, et ses charmantes courbes ont été surmontées d'un plateau en béton coulé. Ce matériau brut, plus résistant qu'une simple planche de contreplaqué, confère au meuble un aspect moderne.

INTEMPOREL

La norme, c'est ennuyeux ! Originalité et unicité sont les consignes de la tendance actuelle. Pour autant, l'aménagement doit être adapté au quotidien. C'est de ce compromis entre l'esthétique et le pratique que naissent les associations les plus intéressantes. Les cuisines équipées des boutiques spécialisées sont évidemment très fonctionnelles ; sélectionnez juste quelques éléments que vous mêlerez à d'autres articles recyclés. Dans cet exemple, la cuisine est composée d'un plan de travail de facture ancienne, d'un fourneau de type restaurant, de placards ordinaires et d'une table bar usagée où fonctionnalité rime avec simplicité et charme du passé.

MOTS-CLEFS

DÉCO : REMARQUES & IDÉES

On me demande parfois ce qui est approprié au style campagne et ce qui ne l'est pas. Question épineuse, car le but n'est pas de formuler des interdictions. Spontanément, je répondrais que le plastique et les matières synthétiques ne me paraissent pas spécialement adaptées, pourtant, en y réfléchissant un peu, il existe des matières synthétiques et des traitements « fausse patine » assez bluffants.

Dois-je donc penser que l'imitation est à éviter? Absolument pas - je suis la première à bricoler tous les objets qui me tombent sous la main pour leur donner une apparence nouvelle, à l'opposé de leur caractère d'origine.

Dites-vous que les possibilités sont infinies - bonne nouvelle : il reste encore à découvrir de nombreux moyens d'aménagement et de décoration en phase avec le style campagne. Les objets rococos, ultra-romantiques, sont mis depuis longtemps au rebut ; chinez quelques pièces qui, par petites touches, modifieront l'ambiance d'une pièce. L'ère industriel et le monde naturel sont des sources d'inspiration très plébiscitées actuellement, puisez vos idées dans ces différents registres pour composer votre propre style. Enfin, pensez à détourner les objets du quotidien pour décorer votre intérieur. Ceux-ci apportent une touche masculine non négligeable dans le style campagne dont elle contribue à équilibrer l'aspect parfois trop édulcoré.

Plantes vertes en tout modestie

« Simple et beau » sonne peut-être comme une expression surannée, pourtant, lorsqu'il s'agit de fleurs et de plantes vertes, ce sont les variétés les plus discrètes et les plus modestes qui fonctionnent le mieux dans le style campagne. Une seule fleur suffit à changer une pièce entière. Et même : un seul brin de verdure. Alternative originale : sélectionnez les légumes les plus jolis et présentez-les dans un plat au lieu de les entreposer au frais.

N° 3½

DÉTOURNEMENT D'OBJETS

Pour mettre en valeur le charme des objets du quotidien, regroupez-les en petites collections décoratives – n'hésitez pas à mélanger articles anciens et neufs. Beaux livres, bobines de ficelle, jeux et jouets, ustensiles anciens, vieilles boîtes en bois, quelques objets en verre ou en métal pour une touche d'éclat, petits outils mécaniques, une plante verte ; en bref, jouez l'éclectisme et l'inattendu pour un résultat hors du commun.

PLACE À LA NOSTALGIE

Mon grand-père aurait ri si on lui avait dit que ses sacs à dos élimés et les patins à glace de sa jeunesse seraient un jour suspendus en décoration dans une chambre à coucher. Pourtant, ces objets qui portent l'empreinte de leur usage ont un charme irrésistible. Ouvrez l'œil, et laissez les objets anciens les plus ordinaires vous dévoiler leur potentiel décoratif.

TROIS, ET PLUS ENCORE...

La collection et l'accumulation donnent un intérêt aux choses les plus insignifiantes. Ces cintres provenant de boutiques de mode vintage forment une installation originale et amusante.

MULTI-CULTI

Une madone côtoie la statuette d'un huîtrier-pie, une vieille lampe de poche, un sablier et quelques caisses en bois remplies de ferraille rouillée. Un mélange aigre-doux...

ÉCLAT DE VERRE

Le verre est un matériau des plus populaires, les formes les plus appréciées sont le verre pressé, le verre mercuré (à effet argenté) patiné, et les verres transparents colorés, notamment bleus et verts. Si ce n'est pas déjà fait, il est temps de vous mettre à récupérer les bouteilles en verre classiques, particulièrement dans les nuances brune et vert foncé.

LIVRE RECYCLÉ

Décorez sans dépenser! Les livres inutilisés constituent de jolis objets décoratifs, simplement empilés et liés par une ficelle, ou rangés sur l'étagère d'une bibliothèque, arborant leur dos élégamment relié. Autrement, mettez-vous au pliage! Certes, corner une page ne changera pas l'allure générale du livre, mais si vous pliez toutes les pages, vous obtiendrez en un clin d'œil une sculpture de papier. Le chapiteau de cirque est l'une de ces réalisations les plus simples : ôtez la couverture et repliez l'angle extérieur en haut de chaque page vers le centre du livre, dans la même direction.

THE EMPIRE STATE 51

UNE NOUVELLE CUISINE À MOINDRE FRAIS

Terne, vieillotte, et sombre ? Certes. Mais faut-il absolument modifier la pièce du sol au plafond pour obtenir une cuisine campagne dans l'air du temps ? Essayons plutôt d'exploiter ce qui est à notre disposition et de tirer le meilleur de chaque élément. Et voici le résultat... parmi tant d'autres possibilités.

LE DÉFI

Vingt ans ont passé, et la cuisine des années 1990 a dépassé la date de péremption. Au lieu de tout démonter, nous avons choisi pour cet exemple d'utiliser ce qui était en place pour rénover la pièce à moindre frais et prolonger sa durée de vie.

Le plan de travail est usagé, mais le bois massif nécessite un simple rafraîchissement pour retrouver une seconde jeunesse. La crédence en carrelage blanc refroidit l'atmosphère de la pièce, et les appareils électroménagers plaqués blanc ont déjà bien vécu – ceux-ci devront être remplacés.

La structure des placards est bien préservée, mais leurs portes sont assez abîmées – mais puisqu'elles sont en bois massif, elles seront conservées et simplement restaurées. La table et les chaises sont des modèles anciens toujours en vogue, et le sol carrelé est en bon état – certes la nuance terre cuite n'est plus au goût du jour. Avec un choix judicieux des couleurs et des matériaux, une rénovation réussie est envisageable.

DU CARACTÈRE

L'esprit industriel, marqué par l'usage des matériaux métalliques, donne du caractère à la cuisine, tout en préservant le style campagne original. Le mariage du blanc et du gris fonctionne parfaitement en association avec les carreaux de terre cuite et la teinte du bois.

LA COULEUR FAIT LA DIFFÉRENCE

Le mobilier nécessitait une touche d'agrément. Il aura suffit d'une simple astuce, consistant à colorer la structure de la table en chêne, pour définir plus nettement les différents éléments et les faire ressortir sur le sol en terre cuite. Le plateau de la table en bois massif est ainsi mis en valeur et modernisé.

PAPIER PEINT : LA SOLUTION MAGIQUE

Le revêtement des portes de placards planes et lisses est très exigeante tant au niveau de l'application de l'apprêt que de la peinture elle-même.

La moindre imperfection apparaîtra nettement à la lumière. Pour contourner ce problème, posez du papier peint sur les façades des placards et des machines. L'offre est vaste et ouvre de multiples possibilités. Ici, nous avons choisi un papier imitant de larges lattes de bois blanches et usées, laissant transparaître du bois gris – une surface claire, donnant l'illusion de la texture, idéale pour confondre les traces de doigts !

Pour les murs, le choix s'est orienté vers un papier reproduisant des panneaux métalliques rivetés. Ce motif, inspiré du style loft, confère du cachet à une cuisine auparavant banale. La couleur gris métallisé est également reprise dans le choix d'appareils électroménagers en inox.

AU FINAL...

Une cuisine à la fois inchangée et totalement nouvelle ! Les surfaces en bois laqué blanc des placards muraux ont été rafraîchies en blanc avant la pose du papier peint sur les portes. Le support des éléments bas a été peint en gris foncé pour créer un effet de contraste. Enfin, les carreaux blancs de la crédence ont été remplacés par des plaques de tôle favorisant la réflexion de la lumière et contribuant ainsi à éclaircir la pièce.

POSE DU PAPIER PEINT

1. Poncez la façade des placards (portes et encadrement), nettoyez soigneusement puis appliquez une couche de peinture à l'eau pour boiseries, dans une teinte assortie au papier peint. Pour un meilleur résultat, choisissez du papier intissé et la colle adaptée.
2. Si le papier est posé jusqu'aux bords des surfaces, il sera plus exposé aux frottements et risque de s'abîmer rapidement. Prenez les mesures précises de la surface à tapisser, et recoupez les lés à 1 mm des bords.
3. Étalez la colle au rouleau sur l'envers du papier et posez le lé sur la surface à rénover. Lissez le papier à l'aide d'une brosse à papier peint ou d'un chiffon doux ; veillez à chasser toutes les bulles d'air. Ayez à disposition une éponge et un seau d'eau pour nettoyer les éventuelles coulures de colle. Laissez sécher pendant 24 heures.
4. Pour protéger le papier peint, couvrez-le de deux couches de vernis à l'eau incolore – voire trois couches si vous en avez la patience. Attention, le vernis incolore peut donner une teinte jaunâtre au papier peint, demandez conseil à un vendeur spécialisé.

CRÉDENCE EN TÔLES

Les tôles sont plus facile à poser que le carrelage ! La crédence étant moins exposée à l'usure que le plan de travail, l'acier galvanisé est aussi efficace que l'inox, à moindre frais. Commandez les tôles sur mesure chez votre fournisseur local, ou effectuez vous-mêmes les découpes si vous possédez une meuleuse d'angle. Enduisez préalablement le mur de plâtre – il n'est pas nécessaire d'appliquer un traitement contre l'humidité puisque les tôles métalliques sont naturellement étanches.

1. Choisissez une tôle d'acier galvanisé de 0,7 mm d'épaisseur. Pour la rénovation de cette cuisine, une tôle de 120 x 250 cm a suffi. Recoupez la tôle en plusieurs plaques adaptées aux dimensions de la surface à couvrir.
2. Coupez les plaques à 2 mm du bord du plan de travail et du bord des placards muraux. Dessinez les gabarits des différentes pièces sur du papier et vérifiez que les mesures sont adéquates.
3. En extérieur, disposez une plaque de plâtre de 12 mm d'épaisseur sur votre plan de travail pour le protéger. Placez ensuite la tôle sur la plaque de plâtre. Au feutre indélébile, tracez les différentes découpes à effectuer.
4. Protégez-vous les yeux et les mains. Découpez la tôle à la meuleuse d'angle. Limez les angles à l'aide d'une lime à métaux.
5. Fixez les plaques de tôle avec de la colle néoprène – prudence, la prise est instantanée. Appliquez un joint de silicone d'étanchéité dans l'espace entre les plaques métalliques d'une part, et le plan de travail et les placards muraux d'autre part. Pour garantir l'étanchéité de la crédence, appliquez également un joint de silicone entre les plaques de tôle.
6. Couvrez ensuite les joints de bandes métalliques plates décoratives, de 2 x 15 mm – suffisamment fines pour êtres recoupées à la main à l'aide d'une scie à métaux ordinaire. Limez les arêtes au niveau des découpes. Percez des trous à 6-7 cm d'intervalle le long des bandes métalliques pour y fixerr des vis à tête fraisée. Frottez les bandes avec de l'alcool à brûler, puis appliquez de la peinture aérosol grise, type spray pour jantes ou laque martelée (résistant à l'usure et à l'humidité). Fixez enfin les bandes sur les joints entre les plaques métalliques à l'aide de vis en acier inoxydable.

PLAN DE TRAVAIL

1. Videz la cuisine et protégez tout ce qui reste en place de film plastique. Enlevez tous les joints en silicone, puis fixez un disque abrasif de moyen grain (80 à 100) sur la ponceuse. Armez-vous de patience, puis poncez la surface en bois du plan de travail. Lorsque la totalité du revêtement est éliminée, poncez à nouveau au grain fin (150). Une fois que la surface est lisse et unie, aspirez-la soigneusement et frottez au chiffon pour ôter toute la poussière résiduelle.
2. Au fil des années, j'ai pu tester différents types de traitements, avec des résultats variables. L'huile produit un lustre mat, la surface en bois semble naturelle. La lasure à l'huile est facile à appliquer et offre un résultat uniforme satisfaisant. Appliquez en couche épaisse, laissez imbiber le bois, puis frottez l'excès au chiffon.
3. Pour la couche de protection, appliquez de l'huile dure spécialement conçue pour plans de travail. En raison des frottements et des nettoyages à l'eau répétitifs, le plan de travail est très exposé à l'usure. Pour renforcer la résistance du bois, renouvelez l'application d'huile dure, en couche mince, deux fois par an en moyenne.

BONJOU
Eat, drink & be merry!

ÉCLAIRAGE

L'éclairage au néon, c'est du passé. Un éclairage bas et ciblé, rapproché du plan de travail, produit une ambiance plus chaleureuse. Il s'agit généralement de deux ou trois lampes, voire davantage, suspendues et alignées. Les modèles d'esprit industriel s'invitent avec succès dans les cuisines des maisons de campagne.

Pour assortir l'éclairage au mobilier, il nous fallait trouver un moyen de reprendre la couleur brune. Les abat-jours de teinte rouillée se sont imposés comme la solution idéale, et bien moins coûteuse qu'un passage chez Ikea, car la rouille qui leur donne cet aspect loft peut se former manuellement – voir page 42.

Les fils électriques apparents, tombant du plafond en lignes courbes, confère du charme à la pièce – mais les fils en gaine textile sont bien plus jolis que les fils en plastique. Une dépense modique pour un effet chic et soigné.

FAUSSE ARDOISE

Un plateau en zinc revêtu d'une couche de peinture pour ardoise de fabrication maison, et voilà un pense-bête original et fonctionnel. Si vous préparez vous-même la peinture, vous pouvez obtenir la nuance de votre choix. Reportez-vous page 45 pour connaître les détails de la peinture ardoise.

STORES SANS CONTRAINTE

Grand classique de l'aménagement intérieur, les stores enrouleurs se prêtent aussi bien au style campagne qu'aux ambiances plus industrielles. Le plus souvent, les stores sont relevés, si bien que le système d'enroulage est superflu. Voilà qui facilite la réalisation.

Pour un résultat à la fois résistant et léger, ce modèle est cousu dans du film de paillage tissé, une toile très aérée disponible dans les magasins de jardinage. Pour améliorer la structure de la toile, effectuez un lavage en machine à un programme délicat, suivi d'un essorage en machine également.

PRÉVOYEZ ÉGALEMENT :

- 2 baguettes en bois de 20 mm de diamètre, 1 cm plus courtes que la largeur finale du store
- 2 œillets métalliques à visser + 2 crochets à visser, diamètre 15 mm
- 2 morceaux de ruban, cordon ou ficelle, 2 mètres chacun

RÉALISATION :

1. Découpe : Mesurez la fenêtre à l'intérieur de l'embrasure. Ajoutez 20 cm à la largeur et 17 cm à la hauteur. Coupez un morceau de toile à ces dimensions.
2. Effectuez un ourlet double de 5 cm de chaque côté de la toile. Repassez puis piquez au point droit.
3. Surfilez les bords inférieurs et supérieurs de la toile au point zigzag triple.
4. Coulisses pour les baguettes : repliez le bord inférieur sur 6 cm puis piquez ce rentré au point droit, à 1 cm du surfil. Repliez le bord supérieur sur 11 cm. Piquez une première couture à 5 cm du pli, puis une seconde couture parallèle à 4,5 cm de la première.

5 Glissez les baguettes dans les coulisses. Pour la suspension, vissez les œillets dans la baguette supérieure, à 20 cm des côtés. Vissez ensuite les crochets sur le bord supérieur de l'embrasure de la fenêtre, de façon à y insérer les œillets du store. Glissez les liens en leur milieu (ficelle, ruban, etc...) dans le maillage de la toile . Enroulez le bas du store jusqu'à la hauteur souhaitée, puis maintenez l'enroulement en nouant les liens.

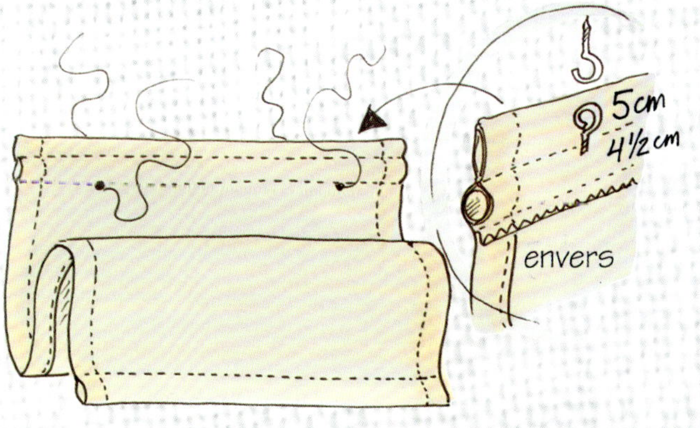

PIÈCE FASTUEUSE

Ce lustre volumineux surplombant la table de cuisine est une déclinaison rustique des lustres en cristal raffinés, et une idée de recyclage amusante. Relativement onéreux, certes, en raison des nombreuses perles en bois, mais sa fabrication est un défi ludique au résultat surprenant.

Libre à vous d'inventer votre propre variante du lustre en cristal, il est toutefois plus facile de transformer un objet préexistant. Voici donc les secrets de mon lustre de cuisine, réalisé à partir d'une roue de vélo.

FOURNITURES :

- Perles en bois : 580 perles de 10 mm de diamètre, 210 perles de 15 mm, 150 perles de 20 mm, 130 perles de 25 mm et 110 perles de 30 mm
- Vernis pour boiseries ou vernis universel
- 18 perles de verre de 10 à 12 mm de diamètre
- 12 perles diamant
- Fil de fer en bobine argenté, fin et souple (0,4 mm de diamètre)
- 3 supports de lampe avec douille pour ampoule à petit culot
- Fil électrique
- Domino pour le raccord des fils électriques
- 4 raccords passe-fil pour lampe
- Roue de vélo de 45 cm de diamètre
- Tige filetée, 8 mm de diamètre et 75 cm de longueur
- Assiette en argenton, 14 cm de diamètre
- Récipient (type sucrier) en étain ou en argenton, 10 cm de diamètre au minimum
- 2 œillets filetés M8 adaptés à la tige filetée
- 6 rondelles de 25 mm de diamètre (ouverture 8 mm au minimum)
- Ruban adhésif
- Bandes de toile de jute, 5 cm de largeur
- Colle à papier peint ou colle à bois ou universelle
- Une chaîne et un crochet en S pour la suspension

RÉALISATION :

COLORER LES PERLES EN BOIS

1. Procurez-vous des perles en gros conditionnement. Colorez les perles avec de la peinture à l'eau pour boiseries ou de la peinture universelle. Diluez la peinture dans de l'eau pour obtenir une lasure légère – environ un volume de peinture pour trois volumes d'eau (ou plus). Trempez une perle dans le mélange pour tester la profondeur de la teinte.
2. Versez la lasure dans un large récipient en plastique. Enfilez les perles en bois naturel sur le fil de fer, plongez-les toutes à la fois dans la lasure, et suspendez-les en extérieur sur un fil à linge (fixez les extrémités du fil de fer autour du fil à linge). Le séchage est assez rapide. Secouez doucement les perles de temps à autre pendant le séchage pour éviter que la lasure ne forme des amas sur certaines parties.

MONTAGE DU LUSTRE

1. Le nombre de chaînes perlées est déterminé par le nombre de rayons de la roue de vélo. La roue utilisée pour la fabrication de ce modèle comporte 36 rayons. Commencez par percer de petits trous sur le bord de la jante, dans l'alignement des rayons.
2. Marquez l'emplacement de 18 trous (la moitié du nombre de rayons) autour de l'assiette et du sucrier, à 1 cm du bord. Percez les trous puis limez-les avec un papier abrasif pour émousser les bords tranchants.
3. Placé au sommet du lustre, le sucrier permet de dissimuler le domino disgracieux auquel sont connectés les fils électriques. Dans le fond du sucrier, percez un trou de 8 mm pour le passage de la tige filetée. Percez un autre trou, de 10 mm, pour le passage du fil de la lampe, aussi près que possible du bord. Placez un raccord passe-fil dans ce trou, il protégera le fil électrique contre les bords tranchants du trou.
4. Réalisez l'ossature du lustre en suivant le schéma présenté page 38. Serrez fermement les écrous. Suspendez cette structure à hauteur de travail.

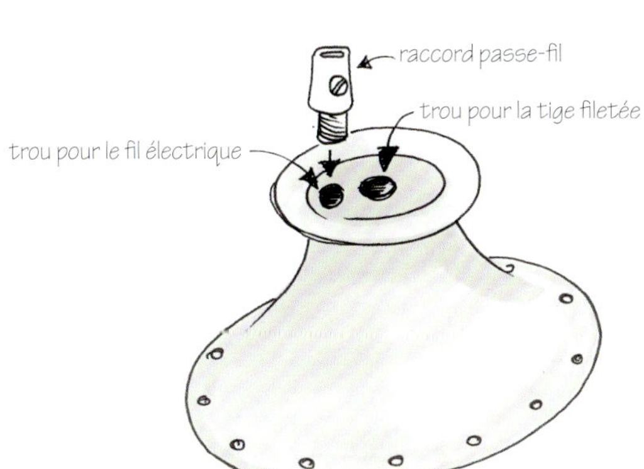
raccord passe-fil
trou pour la tige filetée
trou pour le fil électrique

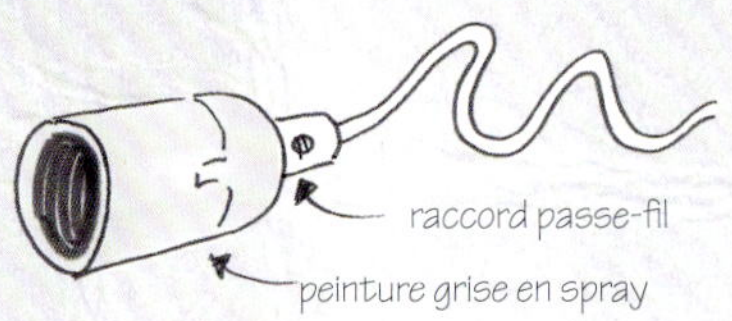

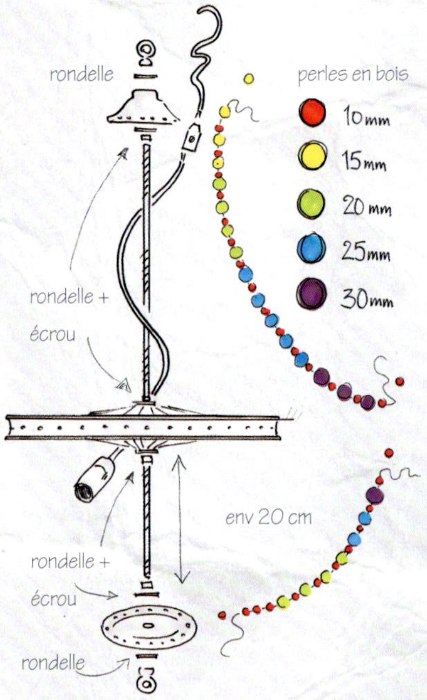

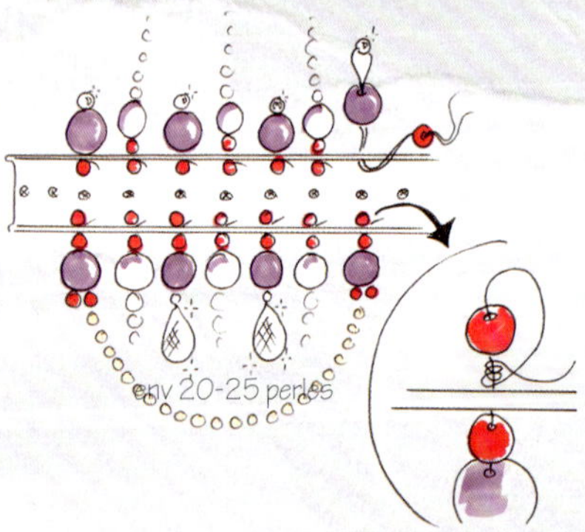

5. Préparez les supports des ampoules en assemblant les raccords passe-fil et les fils électriques. Passez les fils entre les rayons de la roue, puis orientez-les vers le haut afin que les supports soient bloqués entre les rayons. Enroulez les fils autour de la tige filetée et maintenez-les en place avec du ruban adhésif. Une fois que les trois supports sont correctement fixés, raccordez les fils au domino de sorte qu'un seul fil ressorte à l'autre extrémité du domino. Passez ce fil dans le trou du sucrier muni d'un raccord passe-fil et tirez jusqu'au bout. Fixez le domino contre la tige filetée avec du ruban adhésif.
6. À ce stade de la fabrication, il manque quelques finitions pour obtenir un résultat esthétique. La tige filetée et l'amas de fils électriques seront dissimulés en enveloppant la tige de bandes de toile de jute. Tout d'abord, badigeonnez les bandes de colle à bois ou universelle diluée dans un peu d'eau, veillez à couvrir généreusement toute la surface. Disposez les bandes, puis maintenez-les par une épingle à nourrice jusqu'à séchage complet (les bandes de jute auront durci).
7. Place à la déco ! Glissez les extrémités d'une chaîne perlée dans un trou de la jante puis dans les trous correspondants de l'assiette et du sucrier. Enfilez ensuite une perle à chaque extrémité du fil de fer avant de les attacher. Répétez ceci tout autour de la roue, en utilisant un trou sur deux de la jante.
8. Les trous restants de la jante, situés entre les chaînes perlées, seront utilisés pour décorer la partie inférieure du lustre, avec cette fois une touche d'éclat. Sur le rang supérieur, placez une grosse perle en bois surmontée d'une perle en verre. Sur le rang inférieur, disposez alternativement une chaîne composée de perles en bois suspendue à l'horizontale, et des perles en bois associées à des perles diamant, comme indiqué sur le schéma.
9. Le lustre est assez lourd, suspendez-le au plafond par une chaîne métallique à l'aide d'un crochet en forme de S.

EFFET ROUILLE

Pour faire rouiller une vieille commode en bois, le cadre d'un tableau ou encore une sculpture en plâtre, inutile de s'initier à la magie. Il suffit de reproduire cet effet de corrosion naturelle pour obtenir une véritable patine rouille des plus spectaculaires. Quant aux objets métalliques eux-mêmes, quelques astuces permettent d'accélérer le processus pour un résultat quasi immédiat !

DÉJOUER LA SOBRIÉTÉ

Le mobilier de bureau est d'une tristesse incroyable, et se cède généralement à bas prix. Ce sont des articles le plus souvent robustes et de bonne qualité. Un peu d'imagination suffit à les transformer et à leur donner une seconde vie.

CONSERVER LA FABRICATION D'ORIGINE

Le traitement à effet rouille sur la façade des tiroirs donne de l'audace à cette commode autrement banale. Pour rappeler les dimanches de l'Avent, les tiroirs ont été dotés de plaquettes en zinc numérotées, repérées au moment de Noël dans une boutique de décoration. La préparation de cette rénovation est minimale. L'effet en relief donné par la laque martelée et le traitement à la rouille dissimule les imperfections, il est donc inutile de poncer ou de mastiquer préalablement les imperfections. Effectuez simplement un nettoyage au savon pour peinture avant d'appliquer l'apprêt. Effectuez ensuite le traitement à effet rouille en suivant les instructions page 42. La laque martelée est appliquée en double, voire en triple couche.

NOTE ROMANTIQUE

Les vieilles amours ne rouillent pas... à quelques exceptions près. Un objet décoratif oublié prend un tout autre aspect avec un traitement à effet rouille. Charme des fioritures anciennes, romantisme intemporel ; la déco prend des allures incroyables !

DU KITSCH...

Un peu trop blanc, trop uni, trop kitsch... un véritable défi ! Ce lustre chargé de motifs de feuilles et de fleurs est le résultat d'un achat impulsif aux puces de la Croix-Rouge.

... AU CHIC

Grâce au traitement à effet rouille, le kitsch laisse place au chic, idéal dans un intérieur de style campagne. Les fausses chandelles en plastique brillant ont été remplacées par des modèles anciens plus discrets – en plastique également, mais mat. Un petit trou percé dans la bobèche de chaque branche du chandelier permet d'y suspendre une perle diamant. L'ajout d'une touche d'éclat est rarement une fausse note, il produit ici un contraste intéressant avec la surface rouillée du lustre.

LA TOUCHE FINALE

Une fois rouillées, les fleurs manquaient encore d'une finition supplémentaire. Un peu de colle pailletée ferait bien l'affaire ! Dorée ou argentée ? La solution s'est imposée d'elle-même. J'ai opté pour des paillettes argentées, et j'ai constaté que la rouille se mêlait à la colle, révélant une couleur ocre d'aspect ancien.

CRÉER UN EFFET ROUILLE

Cette technique consiste à enduire préalablement l'objet d'un mélange contenant de la limaille – poudre résiduelle après limage d'un métal. L'application d'un agent oxydant va ensuite activer le processus de rouille.

Donc, tout matériau pouvant être peint peut subir ce traitement à effet rouille – bois, plâtre, céramique non vernie, polystyrène, pierre, le plastique s'y prête également à condition d'être couvert d'une base en spray spécialement adaptée. Cette technique est néanmoins à éviter sur les supports sujets aux entailles ou aux griffures, comme le plateau d'une table de cuisine par exemple.

RÉALISATION :

Pour obtenir l'effet rouille, j'ai utilisé les produits de la marque Magic Metallic. Vous aurez besoin de trois produits : un liant comportant des particules métalliques, un agent oxydant (ou activateur) et un fixateur mat.

1. Appliquez une couche de peinture d'un coloris assorti au support – utilisez par exemple un apprêt ordinaire à appliquer au pinceau, ou une peinture en spray. Avant de commencer le traitement à effet rouille, peignez le support soit dans une nuance gris métallique (qui pourra éventuellement briller par endroits, ce qui peut être intéressant) soit dans une nuance rouille ou brun-rouge. Si l'apprêt a déjà l'une de ces teintes, il est inutile de passer une couche de peinture supplémentaire.
2. Secouez vigoureusement le flacon de peinture contenant la limaille car celle-ci a tendance à former un dépôt au fond du flacon. Appliquez à présent cette peinture au pinceau sur le support. Laissez sécher complètement, puis appliquez une nouvelle couche. Le lustre présenté page 41, préalablement couvert d'une peinture en spray de couleur rouille, n'a nécessité qu'une seule application de peinture avec limaille. L'horloge a été enduite d'une couleur étain, puis la peinture avec limaille a été appliquée de façon irrégulière, en favorisant les coulures pour donner l'impression que l'objet serait resté longtemps exposé aux intempéries et aurait subi une corrosion naturelle.
3. Pendant que la seconde couche est encore légèrement humide, pulvérisez l'agent oxydant sur toute la surface. Dans la plupart des cas, son action est immédiate, et sera progressivement visible. Toutefois, ne vous obligez pas à guetter imperturbablement le moment où la rouille aura atteint le stade désiré, et n'hésitez pas à renouveler l'application de l'agent oxydant si le processus vous semble trop long. La commode présentée pages 40 et 41 a été photographiée deux jours après la réalisation du traitement. L'aspect rouillé était déjà bien apparent, mais une semaine plus tard, la rouille avait « mûri » et l'effet était encore plus saisissant. Donc, pas de précipitation !
4. Lorsque l'effet rouille a atteint le stade souhaité, badigeonnez la surface de fixateur. Si l'objet n'est pas excessivement exposé à l'usure, le fixateur suffit. Sinon, ajoutez une couche de vernis incolore, de préférence mat et en spray.
5. Si l'objet à traiter est en métal et donc qu'il peut rouiller naturellement, il est inutile d'appliquer de la peinture contenant des particules métalliques. Pulvérisez directement l'agent oxydant sur la surface pour activer la corrosion. Une fois que l'effet souhaité est atteint, appliquez le fixateur.

Magic Metallic
MM 106
Steel Metallic
Magic Metallic
MM 305
Rapid Rust

Magic Metallic
MM 106
Steel Metallic

Magic Metallic

PEINTURES ET FINITIONS

Un peu de couleur accroît l'intérêt d'un univers campagne. Un pastel crayeux, une nuance de gris ou encore un trait de noir et votre maison retrouve une seconde jeunesse. Particulièrement, le gris très clair, proche du blanc, permet de mettre en valeur un meuble placé dans un environnement excessivement lumineux.

PEINTURE : CONSEILS

L'industrie des peintures veut nous convaincre de privilégier les peintures à l'eau car elles sont respectueuses de l'environnement. Difficile d'argumenter contre la protection de la nature... Malheureusement, ces peintures à l'eau pour boiseries sont assez délicates à travailler. Outre l'apparence légèrement plastique de leur rendu, elles ont tendance à marquer les coups de pinceaux, notamment si elles sont étalées en fine couche sur de grandes surfaces. De même, le vernis à l'eau appliqué sur un support lisse offre rarement un résultat parfait, car la poussière ou autres fines particules ont le temps de se déposer avant le terme du séchage. Enfin, autre inconvénient : les peintures à l'eau sont difficiles à poncer. Sous l'action du ponçage, la peinture s'amalgame et le papier est inutilisable.

Si vous êtes patient, la peinture à l'huile de lin est une bonne alternative - le temps de séchage est long, mais le rendu impeccable, l'odeur agréable et la couleur durable. En ce qui me concerne, je suis souvent pressée de voir le résultat de mon travail...

PEINTURE À LA CRAIE : ASTUCE POUR BRICOLEURS PRESSÉS

Voici une astuce adaptée à tous les bricoleurs pour améliorer la qualité d'une peinture à l'eau banale pour vos boiseries : mélangez-la à de la craie ou à du plâtre. Cela vous semble insensé ? Faites le test !

- La peinture à la craie s'utilise de préférence sur les surfaces en bois massif et naturel, ou sur les surfaces uniquement couvertes d'un vernis incolore et préalablement nettoyées au savon pour peinture puis poncées au papier de grain fin.
- Il n'est pas utile d'appliquer un apprêt, la peinture à la craie s'applique directement sur le support.
- La peinture à l'eau sèche rapidement, mais l'ajout de plâtre accélère davantage le processus !
- Dès la première application, la couvrance est excellente ; généralement, deux couches suffisent pour un résultat satisfaisant.
- La peinture à la craie est d'une consistance assez épaisse, à éviter pour les travaux minutieux et si vous espérez un rendu ultra-lisse. Badigeonnez le support à grands coups de pinceau, ne paniquez pas au moindre petite défaut. Au contraire ! Cela contribue à l'aspect patiné.
- Une fois sèche, la surface est mate, poudreuse et irrégulière. Voilà l'avantage de cette recette : la craie, ou le plâtre, modifie la qualité de la peinture et sa facilité de ponçage. La peinture à l'eau, si dure à poncer, est à présent aussi simple à lisser qu'un enduit de rebouchage – un ponçage manuel est amplement efficace. Prévoyez d'effectuer le ponçage en extérieur car une grande quantité de poussière se dégage.
- Comme l'apprêt, la peinture à la craie ou au plâtre doit être protégée avec de l'huile ou de la cire après ponçage. Voir étapes 4 à 7 pages 48 et 49.
- La craie pulvérisée, ou poudre de craie, est disponible dans les magasins de bricolage bien achalandés, et le plâtre se trouve aussi dans les boutiques de loisirs créatifs. La différence entre ces deux matériaux est que la craie ne durcit pas. En revanche, le plâtre durcit et contribue ainsi à ralentir le temps de séchage. Dans les deux cas, la peinture peut être conservée après mélange. Veillez à bien visser le couvercle et à entreposer le pot retourné de haut en bas pour empêcher la pénétration de l'air.

No 3

PEINTURE À LA CRAIE : RECETTE

3,5 à 4 dl de peinture à l'eau pour bois
1,25 dl de craie ou de plâtre en poudre
1,25 dl d'eau

Versez l'eau dans un grand bocal ou saladier en verre. Saupoudrez la craie ou le plâtre en petites quantités pour faciliter le délayage. Mélangez pour obtenir une pâte homogène, sans grumeaux. Versez la peinture et remuez. La poudre de craie ou de plâtre agit comme un agent épaississant, n'hésitez pas à ajouter un peu d'eau pour allonger la pâte ; l'idéal est d'obtenir une consistance de yaourt. Réalisez des essais pour juger de la qualité de la peinture. Les proportions peinture / poudre / eau sont données à titre indicatif, mais constituent un bon point de départ. Pour la finition, voir page 48.

PASTELS BONBONS

Vert amande, bleu dragée, rose guimauve, voilà des coloris bien tendres et poudrés. Le jaune pastel et le lavande sont moins fréquents, mais les trois premiers cités comptent parmi les favoris du style campagne. Pour éviter l'excès de douceur et atténuer l'effet bubble-gum, choisissez des teintes surannées, comme défraîchies, voire poussiéreuses, qui produiront une ambiance plus mature et sophistiquée.

La petite armoire d'angle a été enduite de peinture à la craie, un moyen rapide et amusant d'obtenir un meuble ancien en un après-midi. Une technique formidable, à tester absolument !

Les meubles d'angle ont connu un essor dans les années 1940, mais certains articles fabriqués au cours de cette décennie manquent de chic.Les armoires de ce type s'échangent habituellement pour quelques dizaines d'euros. Elles sont souvent composées de deux parties séparables ; débarrassées de leur moitié supérieure, elles prennent un nouveau cachet.

PRÉPARER LE SUPPORT AVANT PEINTURE

Enduit de rebouchage ? Si vous souhaitez obtenir un aspect vieilli, ne nivelez pas les petites irrégularités de la surface. Rebouchez en revanche les trous laissés par d'anciennes ferrures ou autres pièces décoratives. L'enduit ordinaire peut nécessiter jusqu'à 5 à 7 applications pour combler des trous. D'autres mastics, bi-composants, comblent trous et fissures en une seule application et sèchent en un quart d'heure.

La surface à restaurer doit être parfaitement propre, polie, et dépoussiérée. Le lavage au savon pour peinture est spectaculaire, et peut suffire à préparer la surface. Sinon, effectuez un ponçage au grain moyen pour éliminer la finition d'origine. Sur certains meubles, le ponçage doit être accentué par endroit, pour lisser d'éventuels défauts, des bords tranchants ou des surfaces irrégulières.
Les surfaces en bois naturel sont plus faciles à travailler, tout comme les surfaces teintées ou enduites de vernis incolore. Les surfaces huilées ou cirées doivent êtres poncées et soigneusement nettoyées avant restauration. Enfin, si vous optez pour la restauration d'une surface déjà peinte, laissez le coloris apparent par endroits, pendant le ponçage, pour obtenir un effet usé.

UTILISER L'APPRÊT COMME FINITION

Pour mes peintures, j'utilise le plus souvent un unique apprêt à l'eau. Je choisis un produit de qualité, durable, de bonne couvrance, pour obtenir une surface mate délicatement poudreuse. Si la surface est teintée ou s'il s'agit d'un support en bois noueux, je commence par appliquer un apprêt à base de gomme-laque pour éviter que la teinte ne dégorge. C'est un produit onéreux, mais très efficace – il sèche rapidement et offre un rendu opaque et isolant. Un seul pot permet de couvrir une grande surface.

UNE TECHNIQUE AUX MULTIPLES AVANTAGES !

1. L'application est simple. Ne vous souciez pas des petites poussières accrochant la surface, ni des coups de pinceaux apparents ; ces petites défauts contribuent à donner un charme ancien au support. J'ai l'habitude de peindre dans le sens du fil du bois, mais pour obtenir un aspect très vieilli, prenez la liberté d'une application désordonnée. L'apprêt sèche rapidement ; la seconde couche peut être étalée au bout d'une ou deux heures.

2. Répétez les applications jusqu'à ce que la couvrance soit satisfaisante. Frottez ensuite doucement la surface avec du papier de verre à grain fin ou avec un chiffon doux – avec un ponçage très léger, la surface est bien lisse et unie.

3. Pour donner à la surface une patine ou un effet d'usure, poncez davantage, éventuellement à la machine. Ainsi, les zones en relief, les arêtes et les angles vont perdre de l'apprêt et laisser apparaître la finition d'origine. Sur les meubles, accentuez le ponçage à ces endroits qui sont naturellement exposés à l'usure : poignée ronde, assise de chaise, accoudoirs, etc...

FINITION :

4. La propriété majeure de l'apprêt, à l'instar de la peinture à la craie, est qu'il prend la poussière. Il donc impératif de le protéger avec de l'huile ou de la cire pour préserver la qualité de la surface. L'huile-cire est pratique : liquide, elle s'étale au pinceau et pénètre dans tous les recoins. Séchez ensuite la surface avec un chiffon doux pour ôter l'excès d'huile. Pour renforcer la protection de la surface, choisissez une huile dure, plus résistante. Sa couleur jaunâtre due à la résine entrant dans sa composition donne à la surface traitée une teinte chaude – sur un apprêt blanc, l'huile dure donnera une teinte crème. À l'issue du séchage, l'huile aura durci, offrant une haute résistance.

5. Pour préserver la teinte de la surface, choisissez de préférence la cire, disponible dans les magasins de bricolage. D'une consistance rappelant celle du beurre, la cire incolore s'applique sur les surfaces peintes sans leur donner de nuance jaunâtre. Pour accentuer la patine, et créer un effet légèrement terni, utilisez de la cire brune, disponible en plusieurs teintes. Si la teinte est trop foncée, diluez-la dans de la cire incolore : placez une noix de chaque cire dans une assiette en carton et mélangez le tout !

6. Pendant le séchage, si la couche de cire brune est trop épaisse à un endroit du meuble, nettoyez cette tache avec un peu de cire incolore frottée au chiffon ; la cire incolore va ramollir et diluer la cire brune. Après séchage complet, lustrez la surface avec un chiffon doux, idéalement en laine pour un aspect satiné. Admirez votre nouveau meuble, et appréciez ce doux parfum de cire ! Il semblerait que les surfaces cirées ne doivent pas être exposées à la chaleur intense ou aux rayons du soleil car la cire risquerait de fondre et la surface deviendrait poisseuse. Je n'ai jamais eu ce type de problème, mais par précaution, si le meuble à rénover est placé à la lumière directe du soleil, optez pour une finition à l'huile.
7. Les surfaces enduites d'une finition à l'huile ou à la cire peuvent être rafraîchies à tout moment par la simple application d'une nouvelle couche. Tous les chiffons utilisés pour la finition à l'huile seront chauffés ou mis à tremper dans de l'eau puis conservés dans un sac en plastique fermé. En revanche, je place les chiffons d'une finition à la cire dans le pot de cire pour les maintenir gras, prêts pour une nouvelle utilisation.

APPRÊT COLORÉ

Si vous demandez à un vendeur spécialisé de l'apprêt coloré, il se peut que vous obteniez une réponse négative. Toutes les marques d'apprêt ne sont pas déclinées en diverses nuances - certaines proposent juste un apprêt noir prêt à l'emploi. En revanche, tous les apprêts, indépendamment de leur marque, peuvent être mélangés à un colorant. Sachez toutefois que si l'apprêt n'existe qu'en blanc, le revendeur ne peut vous garantir que le mélange coloré aura la même teinte que sur l'échantillon du colorant ; attendez-vous à obtenir une nuance plus claire.

EFFET DE STYLE

Le noir est un atout de choix pour donner du style à toutes choses. Ces bougeoirs sculptés de mauvais goût, achetés aux puces pour quelques euros, se transforment en objets déco chic et originaux.

PEINDRE EN NOIR ET EN GRIS FONCÉ

Apprêt blanc, peinture noire ; d'un extrême à l'autre. Quelques applications de noir suffisent pour couvrir complètement l'apprêt. Faites ressortir le blanc par endroits en jouant sur le ponçage pour un effet usé.
Deux possibilités pour la peinture noire : utilisez un apprêt noir, puis huilez ou cirez la surface après séchage, comme expliqué pages 48 et 49, ou utilisez simplement une peinture à l'eau pour bois directement appliquée sur la surface à traiter. Lorsque les premières peintures à l'eau spécial boiseries ont été commercialisées, l'argument de vente était qu'elles ne nécessitaient pas d'apprêt ; un avantage désormais tu mais pourtant toujours aussi avéré ! Diluez légèrement la peinture pour appliquer une première couche plus claire, et effectuez les applications suivantes avec la peinture pure.

ÉLÉGANCE DU NOIR

Symbole de raffinement, le noir donne du caractère aux pièces excessivement claires. Pour un intérieur campagne modernisé, pensez au noir en contraste avec le blanc, le beige lin et les nuances naturelles du bois et du cuir. Pour éviter les fausses notes, veillez à suivre une ligne neutre.

CIRE BLANCHE

La cire à patiner blanche confère un aspect luisant aux surfaces peintes en noir. Elle est idéale sur les supports très en relief, chargés de détails : cadres ornés de fioritures, bougeoirs sculptés, et articles de décoration de toutes sortes.

PATINE BLANCHE

1. Les petits articles sont faciles à peindre avec une peinture noire en spray, ou avec un apprêt noir à l'eau. Laissez sécher et durcir complètement, pendant 24 heures au minimum, avant d'appliquer la cire de finition.
2. Si vous avez choisi un apprêt, frottez la surface au papier de verre à grain fin pour un aspect lissé.
3. Appliquez la cire blanche au chiffon. Utilisez une bonne quantité de cire au début de l'application afin qu'elle pénètre dans tous les interstices. Pour accéder à tous les recoins d'une moulure par exemple, aidez-vous d'une brosse à dents. Changez ensuite de chiffon pour ôter l'excès de cire, il ne doit rester qu'une fine couche à la fin de l'application.
4. Laissez sécher et durcir pendant 24 heures au minimum. Lustrez la surface de préférence avec un chiffon en laine pour obtenir un éclat satiné.

strunt å skrot, men ganska bra att ha om den kreativa
andan faller på
nonsens
bra-att-ha ditt-å-datt och annat skräp men kanske fint ändå
duka fint å vika servetter, pynta och fixa så gäster känner sig välkomna här vid vårt bord, med lite ljus i vårt hus...

ÉCRITURE DÉCO

L'application d'une peinture ardoise noire est une méthode infaillible pour transformer les trouvailles de brocantes en meubles ludiques et créatifs. Une technique très tendance, qui s'adapte sans contrainte à tous les styles. Appropriez-vous cette touche désinvolte dans votre intérieur campagne.

Vous êtes vraiment audacieux? Inscrivez quelques mots à la bombe aérosol directement sur la plus grande surface du meuble. Pour cela, posez le meuble de sorte que la surface à inscrire soit plane – vous éviterez ainsi les coulures – puis pulvérisez le texte. Si vous hésitez, effectuez un essai sur un morceau de carton. Laissez certains mots tronqués sur les bords de la surface pour un effet encore plus percutant.

ARDOISES À CRAIE

Au beau milieu de notre ère ultra-technologique, les ardoises et tableaux à craie connaissent un essor phénoménal. Partout on écrit à la craie, comme jamais auparavant; et avec une dose de fantaisie, de nombreux supports se transforment en tableaux noirs. Ce tableau longiligne est suspendu à une porte à panneaux prélevée sur une armoire. L'armoire elle-même a été rénovée (voir page 117), et les éléments supprimés ont eu droit aussi à une nouvelle vie.

ÉCRITURE DÉCO

Avantage supplémentaire de la peinture à la craie proposée page 47 : elle constitue un support idéal pour écrire... à la craie. Autrement dit, l'effet ardoise peut être obtenu dans n'importe quel coloris, autre que le traditionnel noir. Préparez la peinture comme expliqué, et appliquez en finition une ou deux couches de vernis à l'eau incolore pour protéger la surface.

Le plateau de la cuisine page 34 a été enduit de peinture à la craie grise.

SVARTA HAFVET
(PONTOS)
MINDRE ASIEN
MEDEL-HAFVET
LIBYA
ARAB
BIBELNS
LAND OCH FOLK.
D:R MAGNUS ROTH
Mountain Creek
Ski Club
Going Downhill
Mountain Creek
Ski Club
Going Downhill

UNE AIGUILLE DANS UNE BOTTE DE FOIN

Les brocantes et antiquaires croulent sous la masse de meubles en bois foncé, et il est parfois difficile de repérer les articles véritablement beaux.

LAISSEZ-VOUS SURPRENDRE !

Le pinceau vous démange, vous êtes prêt à repeindre le meuble entier dans une nouvelle couleur. Pas de précipitation ! Commencez par repeindre certaines parties savamment sélectionnées et laissez le reste du meuble dans sa finition d'origine. Brun et blanc, brun et noir, ou brun et gris, le contraste entre la teinte du bois et la nouvelle couleur met en valeur chacune des deux, et soudain, la beauté du meuble apparaît dans des détails auparavant insignifiants.

Voici l'un des rares exemples de rénovation que j'ai effectuées avec de la peinture bois ordinaire, sans mélange ni patine. C'est l'avantage des couleurs noir ou gris foncé : deux couches suffisent généralement pour une bonne couvrance. En revanche, si vous décidez d'appliquer du blanc sur le bois, prévoyez un apprêt de protection pour éviter que la teinte d'origine ne dégorge, puis effectuez plusieurs couches de peinture. La nuance que j'ai choisie pour ce meuble ne peut être altérée par un dégorgement de la couche de base ; je me suis donc contentée de l'appliquer directement sur le bois, sans apprêt. Une légère dilution a permis d'éviter les marques de pinceau, tout en offrant un rendu à la fois riche et qui laisse transparaître le veinage du bois.

RUBAN À MASQUER ?

Il est souvent assez simple de juxtaposer deux coloris au niveau d'un relief, sans besoin d'appliquer du ruban à masquer au niveau des raccords. En revanche, si les raccords se situent dans un creux du motif, il faudra soit faire preuve d'une extrême minutie, soit prendre le soin de couvrir la zone concernée par du ruban à masquer.

TANIA
AP 3412
ILLINOIS

MOBILIER DE SALON

Les salons anciens sont très prisés dans les intérieurs campagne. Limitez le nombre d'articles pour les mettre en valeur. Généralement, ces fauteuils sont tapissés de tissu de très bonne qualité, préservé de l'usure du temps, mais dont le coloris et les motifs ne sont plus au goût du jour.

ASTUCE ÉCONOME

Épargnez-vous la peine de retapisser vos meubles, évitez de vous ruiner dans un salon flambant neuf, optez pour une solution rapide et efficace : repeignez le tissu ! En un après-midi, transformez un ensemble de fauteuils vieillots en un salon contemporain.

RÉALISATION :

L'astuce est que les textiles d'ameublement peuvent être peints avec une peinture à l'eau pour bois ordinaire. Pour améliorer l'absorption et éviter que la peinture ne forme une couche épaisse à la surface du tissu, il faut préalablement mélanger la peinture avec un médium pour tissus spécialement conçu à cette fin.

Pour teindre ce fauteuil, j'ai utilisé environ 500 ml de ce médium, mélangé à de la peinture à l'eau pour boiseries, le tout dilué avec un peu d'eau. Ainsi, la couleur pénètre mieux dans les fibres du tissu.

Pour un meilleur résultat, il est conseillé de n'appliquer qu'une seule couche de peinture. Par conséquent, il faut choisir un coloris plus foncé que le coloris initial du tissu. Enfin, dégagez-vous le temps nécessaire pour l'application de la peinture, car il vaut mieux éviter d'interrompre le travail en cours.

L'idéal est de pouvoir démonter le meuble pour faciliter la peinture. Sinon, demandez de l'aide pour écarter les différentes zones du meuble pendant que vous appliquez la peinture afin que vous puissiez atteindre tous les plis.

Peignez chaque partie du meuble en une seule fois. Effectuez des traits croisés ou brossez en cercles pour améliorer l'absorption.

Une fois l'application terminée et le séchage entamé, il se peut que la couleur ne couvre pas suffisamment le tissu. Dans ce cas, accentuez les zones trop claires pendant que la première couche est encore humide, cela vous évitera le désagrément d'une seconde couche – l'effet de peinture serait trop flagrant, et nuirait à l'aspect final.

Le tissage du revêtement transparaîtra au travers de la nouvelle couleur. Si vous choisissez un coloris plus clair que le noir profond, les couleurs d'origine du tissu ressortiront par endroits, produisant des variations de nuances – un effet intéressant, éventuellement, sur le résultat final.

MARTHA STEWART
FABRIC
TISSU
TELAS

ENVIE DE VOYAGE

Symboles de voyage et d'aventure, on aime les valises ! Les modèles anciens se convertissent en toute simplicité en objets déco, et répandent dans la maison une douce nostalgie. Sans oublier que les valises offrent aussi des espaces de rangement pratiques.

VIEUX BAGAGES

Sur le départ ? Voyage, déménagement ? Non, juste de vieilles valises recyclées pour la décoration et l'aménagement de la maison. Nostalgie du passé, caractère des cuirs patinés, et pointe de romantisme ; des objets incontournables.

PRATIQUES

Installation simplissime ! Empilez plusieurs valises pour ranger le bric-à-brac de la maison, tout en soignant la déco de votre intérieur. Certes, il serait gênant de devoir récupérer en hâte une bricole précieusement conservée dans la valise du fond...
Et pourtant...

Retro
SIR. BROMOF.
CPS.
TINCT.
RNICAE

COMMODE-VALISE

... avec un peu d'aménagement, l'ensemble devient une commode où les valises forment les tiroirs, chacune rangée dans son propre caisson indépendant, donnant lieu aux combinaisons les plus diverses. Un meuble modulable à l'infini, à mesure que votre collection de valises s'étoffe.

RÉALISATION :

1. Pour fabriquer un caisson, procurez-vous des planches de pin naturel de 18 cm d'épaisseur et dont la largeur équivaut à la profondeur de la valise, ce qui vous évitera de scier dans ce sens.
2. Posez la valise à plat et prenez les différentes mesures. Ajoutez 1 à 2 cm à la hauteur et à la largeur – il est préférable de prévoir une marge pour glisser la valise dans le caisson. Cette marge facilitera les mouvements et sera quasi-invisible. Ajoutez également 36 mm sur la longueur des planches supérieure et inférieure. Coupez les différents morceaux, puis poncez-les finement au papier de verre.

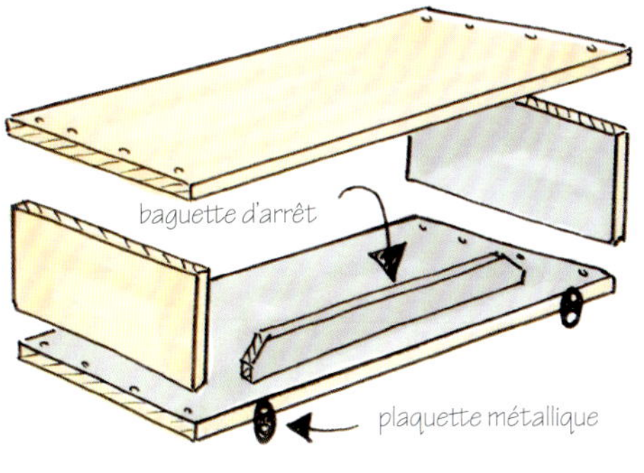

3. Peignez ou lasurez les planches sur la face correspondant à l'intérieur du caisson. Laissez sécher.
4. Avec de la colle à bois, collez les deux côtés sur la planche inférieure posée à plat. Il n'est pas utile de maintenir les morceaux encollés avec des serre-joint; laissez-les sécher sans les manipuler. Collez ensuite la planche supérieure, puis laissez sécher. Si le caisson est plus profond que la valise, ajoutez un arrêt de tiroir : collez une baguette de pin de 15 à 18 mm d'épaisseur juste derrière le fond de la valise.
5. Une fois l'ensemble sec, renforcez l'assemblage avec des vis à bois de 40 mm de longueur. Percez un trou pour chaque vis pour éviter de fendre le bois. Sécurisez également les baguettes par deux vis chacune. Appliquez du mastic sur chaque tête de vis. Frottez toute la surface au papier de verre de grain fin, puis peignez ou lasurez l'extérieur du caisson.
6. Fabriquez autant de caissons que nécessaire en suivant ces étapes, empilez-les puis maintenez-les deux par deux à l'aide de plaquettes métalliques fixées sur l'arrière es caissons.

Y 877

TABLE-COFFRE DE SALON

Faire du neuf avec du vieux ! Les pieds d'une commode mise au rebut revêtent la fonction inattendue de pieds de valise. Et voilà en un clin d'œil une table de salon des plus originales ! À défaut d'anciens pieds de meuble, utilisez une table d'occasion dont le plateau est plus petit que la valise ; l'effet sera tout aussi garanti.

VALISE À ROULETTES

Les valises ou malles de grand volume n'ont pas besoin d'être surélevées par des pieds pour se transformer en table de salon. Deux paires de grosses roulettes suffisent à donner de la hauteur à l'ensemble, et créent un mélange de styles saisissant.

FIXATION

1. Les valises ont des parois fines, sans prise de fixation. Il faut les retourner pour les associer à un support plus stable et résistant. Concrètement, cela consiste à fixer un ensemble rondelle et vis à tête large et bombée depuis l'intérieur de la valise sur un support composé par exemple d'un plateau sur pieds.
2. Les grosses roulettes avec structure en métal seront fixées sur des plaquettes en bois afin que la valise puisse elle-même être montée sur ces plaquettes. En outre, ce système surélève de 2 cm supplémentaires la table-valise.

TOUJOURS PRÊT

Le chouchou de la famille se pelotonne dans une valise aménagée, prête à se glisser dans le coffre de la voiture pour une excursion improvisée.

RÉALISATION :

1. Le panier-valise peut être placé directement sur le sol, mais l'ajout de pieds lui donnera davantage une allure de meuble – et le surélèvera légèrement. Pour cela, la valise doit être renforcée. Coupez un morceau d'aggloméré ou de planche de pin aux dimensions du fond de la valise. Vissez ensuite les pieds par l'extérieur, à travers la valise et le renfort en bois. Voir page 65.
2. Il sera peut-être nécessaire de changer le revêtement intérieur. Si le revêtement d'origine est en mauvais état, enlevez-le, sinon, décousez uniquement les poches de la doublure. Pour rénover l'habillage, badigeonnez de colle l'envers d'un tissu de coton, placez le tissu sur l'intérieur des parois, puis brossez le tissu avec le pinceau utilisé pour l'encollage.

MESSAGE

Amusez-vous à transformer une valise en tableau à craie. Nettoyez la valise au savon pour peinture ou à l'alcool à brûler, puis appliquez deux couches de peinture ardoise sur une des grandes faces.

Welcome!
Willkommen!

RESTAURER LES VALISES DÉCORÉES

C'est l'usure et les petits défauts qui donnent tout leur charme aux vieilles valises. Certains modèles ont néanmoins perdu de leur éclat, ou sont très abîmées, et nécessitent un travail de restauration. Les parois lisses et planes d'une valise sont idéales pour un revêtement en papier, posé à la manière d'un papier peint. Utilisez de la colle de bonne tenue, et sélectionnez du papier peint, les pages d'un livre ou d'une partition musicale, une jolie affiche, ou, pour le clin d'œil, une carte géographique ! Une fois la pose terminée, protégez le papier par une à deux couches de vernis mat incolore.

VOYAGE DANS LE TEMPS

L'horloge idéale d'un globe-trotter ? Un cadran circulaire découpé dans une carte, fixé à la colle à papier peint sur l'avant d'une petite valise. Peignez les chiffres à l'aide de pochoirs – tous les chiffres si la surface le permet, ou quelques-uns au choix. Les aiguilles et le mécanisme sont vendus dans les boutiques de loisirs créatifs ; choisissez un modèle adapté aux matériaux fins, les parois d'une valise étant généralement de 2 à 3 mm d'épaisseur.

MINI CABINET DE CURIOSITÉS

Une valise ouverte debout fait office de mini armoire, à accrocher au mur ou à disposer sur un meuble pour y exposer son contenu : collection d'objets insolites, à la manière des anciens cabinets de curiosités ? En ce qui me concerne, j'ai choisi l'option boîte à bijoux personnalisée.

RÉALISATION :

J'ai changé le revêtement intérieur de la valisette que j'ai tout d'abord tapissée de papier journal. J'ai ensuite plongé des napperons en dentelle dans le pot de colle à papier peint pour une absorption maximale, avant de les étaler sur le papier journal. Après séchage complet, j'ai collé des baguettes de bois à l'intérieur de la valise, et j'ai renforcé la fixation par de petites vis enfoncées par l'extérieur de la valise. Puis, j'ai vissé des crochets sur les baguettes. Pour piquer les broches, j'ai tapissé de tissu un panneau d'isorel que j'ai ensuite rembourré. J'ai collé le panneau à l'intérieur de la valise, et j'ai à nouveau renforcé la fixation par quelques vis enfoncées par l'extérieur de la valise.

PLANTATIONS NOMADES

Un oasis sous le couvercle de la valise ? Entrouvrez le bagage pour laisser s'épanouir vos plantes vertes. La valise photographiée ici est un modèle neuf en tôle de zinc étanche. Pour détourner une valise non étanche, doublez les parois intérieures de plastique épais. Repiquez vos plantes, couvrez de mousse, plantez un tuteur pour maintenir le couvercle, et regardez pousser ce monde secret.

VALISE SUR MESURE

La tête confortablement reposée sur une valise des plus tendres, laissez-vous aller à vos rêves de voyage et d'aventure. Objet insolite, ce coussin- valise aux surpiqûres contrastantes, orné d'étiquettes originales, doit tout son caractère à la fabrication maison.

COUSSIN-VALISE : FOURNITURES

- Toile de lin ou de coton épaisse, 64 x 104 cm
- Tissu contrastant – j'ai utilisé un vieux pantalon en imitation cuir
- Entoilage double face
- Fil à coudre extra-fort pour les surpiqûres
- 2 anneaux en forme de D, 25 mm de longueur
- Papier transfert ou étiquettes en tissu prêtes à l'emploi
- Coussin de garnissage : 50 x 60 cm

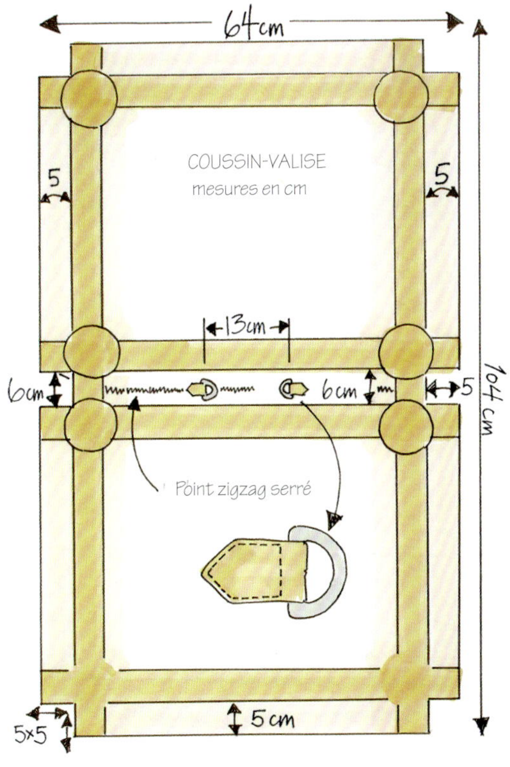

RÉALISATION :

1. Tissu pour la housse : Creusez tous les angles du coupon de tissu ainsi que le milieu de chaque longueur comme indiqué sur le schéma. Piquez au point zigzag large et serré le long du milieu du coupon, où sera placée la poignée. Longueur de point 0,8 – 1, largeur de point 5.
2. L'entoilage est un matériau collant à appliquer tout d'abord sur l'envers du tissu. Puis le papier de protection est enlevé et le tissu entoilé peut être appliqué sur un autre tissu à l'aide du fer à repasser. L'entoilage double face permet d'éviter l'épinglage et facilite l'application de motifs. Découpez des bandes d'entoilage : 4 bandes de 4 x 64 cm et 2 bandes de 4 x 104 cm. Découpez également 8 disques de 8 cm de diamètre. Appliquez l'entoilage sur l'envers du tissu contrastant puis découpez le tissu le long des bandes d'entoilage.
3. Placez les bandes de tissu entoilé sur l'endroit du tissu pour la housse et fixez au fer à repasser. Surpiquez ensuite les bandes le long des bords, au point de longueur 4 et avec un fil de coloris contrastant. Fixez ensuite les disques entoilés sur les bandes comme indiqué sur le schéma, puis surpiquez-les également le long du bord.
4. Dans le tissu contrastant, découpez 2 bandes de 2,5 x 6 cm pour les attaches de la poignée et une bande de 7 x 22 cm pour la poignée. Pliez les attaches en deux et coupez l'extrémité en pointe légèrement arrondie. Passez chaque attache dans un anneau en forme de D, placez-la sur la ligne centrale de la housse au point zigzag, et piquez tout autour de l'attache. Repliez la poignée en deux dans le sens de la largeur, endroit contre endroit, et piquez à 1 cm du bord. Retournez la pièce sur l'endroit, puis surpiquez le long des bords. Passez les extrémités de la poignée dans les anneaux en D, puis piquez ou collez les extrémités.

5. Les étiquettes affichant des noms de destinations rappellent les anciennes étiquettes souvenirs rapportées des voyages ; elles renforcent ici l'aspect valise du coussin. Utilisez des étiquettes prêtes à l'emploi parmi l'offre proposée dans les boutiques de loisirs créatifs, ou confectionnez vos motifs personnalisés avec du papier transfert, à condition d'avoir à disposition une imprimante à jet d'encre. Ce papier transfert est disponible dans les boutiques de loisirs créatifs et de fournitures de bureau. Le motif réalisé sur le papier est ensuite fixé sur le tissu. Si vous choisissez d'inscrire du texte, pensez à écrire en miroir pour obtenir une image correcte après transfert. Suivez les instructions figurant sur l'emballage et confectionnez ainsi plusieurs étiquettes dans diverses chutes de tissu que vous coudrez ensuite sur la housse du coussin.
6. Pliez la housse en deux endroit contre endroit, puis piquez les côtés et le bord inférieur à 2 cm des bords, en laissant une ouverture de 30 cm au fond de la house. Cousez les ouvertures dans les angles de la housse comme indiqué sur le schéma ci-dessous, à 2 cm des bords également. Retournez la housse sur l'endroit par l'ouverture prévue au fond. Insérez le coussin de garnissage, puis fermez l'ouverture par une couture à la main.

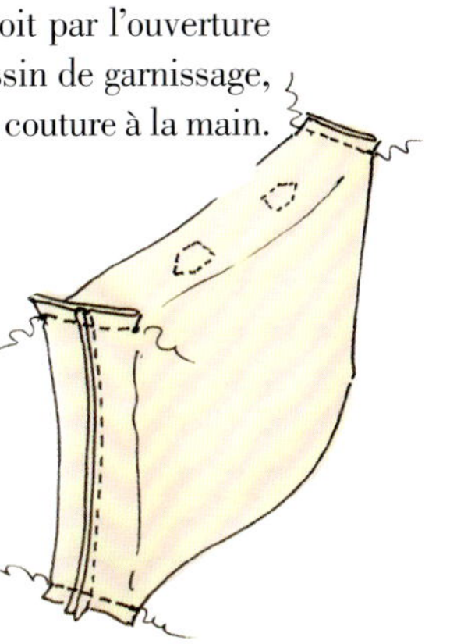

PHOTO DÉCO

Photographies de parents ou d'inconnus dont le souvenir s'estompe. Époque révolue, lieux et visages disparus... N'abandonnez plus vos photos dans le tiroir de la commode ; dépoussiérez-les pour les afficher en détails déco dans votre maison.

EMBALLAGE CADEAU

Le format miniature des photographies d'amateurs des années 1930-40 est idéal pour la confection d'étiquettes de paquets cadeaux. Perforez la photo dans un angle, et recoupez éventuellement celle-ci pour imiter la forme d'une étiquette. Appliquez un peu de colle pailletée sur le contour pour une touche d'éclat.

Effectuez un agrandissement au format A4 d'une photo ancienne pour l'utiliser comme papier cadeau. Si le papier résiste à l'eau, badigeonnez-le de café pour renforcer l'aspect vieilli. Choisissez enfin de la ficelle brute, de coloris naturel, pour lier le tout.

PORTRAITS DE FAMILLE

Captivés par la solennité de l'instant, les personnages posent fièrement devant le photographe, parés d'élégants costumes. Un peu de colle pailletée permet de transformer ces portraits de famille en décorations de Noël insolites – le motif n'ayant aucun rapport avec Noël. Suspendez par exemple la photo avec un fil de chanvre, ajoutez une fleur d'amaryllis et une branche de sapin ; une décoration simple au charme désuet.

PORTRAITS À L'HONNEUR

Les portraits anciens sont souvent montés sur une carte épaisse au dos de laquelle figure une inscription. Les dames sont élégamment apprêtées, et les messieurs au caractère grave sont égayés par un peu de colle pailletée. Suspendez ces photos à l'arbre de Noël, ou à une jolie branche naturelle, à l'aide d'un ruban satiné ou d'un lien en matériau naturel pour un style authentique.

COLLAGE EN COURONNE

Parmi les milliers de photos anciennes conservées, on trouve de nombreux clichés pris par des amateurs. Intéressantes car imparfaites, elles sont mises en valeur dans un collage pêle-mêle. Formez par exemple une couronne en carton sur laquelle vous collerez les photos. Suspendez la couronne avec une corde épaisse.

PENDENTIFS ANCIENS

Les pinces à papier des bureaux d'antan sont des objets pratiques pour suspendre les photos et ajoutent du détail dans une décoration de style ancien. Ici, les photos viennent orner de vieilles bouteilles en verre recyclées en vases.

IDÉE LUMINEUSE

Ornez vos bougies des portraits de vos aïeux, ou de photos anciennes immortalisant un événement. Les autocollants sont réalisés avec du papier transfert. Imprimez la photo à partir de votre ordinateur sur le papier transfert. Découpez l'image et placez-la dans un bol d'eau tiède. Au bout de deux minutes, transférez l'image imprégnée sur la bougie. Lissez pour chasser les bulles d'air. Laissez sécher, puis protégez l'image avec du vernis incolore.

PRÉCIEUX CADEAU

Une page d'un vieux livre, la photo en noir et blanc d'un ancêtre cher, voilà de quoi décorer une boîte d'allumettes en quelques minutes. Un bricolage simple, à offrir en petit cadeau personnalisé. Le contraste créé par les mots inscrits à l'aide d'une imprimante font de cette boîte décorée un objet contemporain.

IMPRESSION DE PHOTOS

Pour préserver le tirage original, réalisez des copies de la photo choisie. À défaut de papier photo, chargez l'imprimante de papier épais – le papier à dessin fonctionne très bien. Pour rigidifier la photo imprimée, collez-la sur un morceau de cartonnette épaisse.

PHOTOCOPIE

Réalisez un encadrement hors du commun pour valoriser une photographie ancienne. Avec de la colle en spray, fixez une feuille arrachée d'un vieux livre sur un plat ou un plateau en métal, en verre ou en porcelaine. Collez ensuite la photo sur la feuille du livre. Et si un jour vous souhaitez récupérer la photo, humidifiez l'ensemble pour détacher le papier, et éliminez les traces de colle avec de l'alcool à brûler.

TÄND
ETT
LJUS

LUMIÈRE SUR LA NOSTALGIE

Un lustre pour illuminer le passé, à réaliser en une soirée. Aux puces, chinez un abat-jour à la structure métallique, puis supprimez le revêtement textile. Pour adoucir l'aspect de la structure, enveloppez les tiges métalliques de bandes de tissus déchirées de 2 cm de largeur. Appliquez ainsi deux, trois voire quatre couches de tissu selon l'effet souhaité. Fixez enfin les extrémités des bandes de tissu par un point de colle. Accrochez des photos anciennes à la structure du lustre avec des épingles à linge en bois. Pour donner un aspect vieilli aux épingles, faites-les tremper pendant quelques minutes dans un bocal de café fort, puis laissez-les sécher avant utilisation.

IDÉES LUMINEUSES

Allumez une bougie et l'atmosphère se réchauffe aussitôt. Si tout était aussi simple que la flamme d'une bougie... Voici quelques idées pour répandre lumière et chaleur dans votre maison, à partir d'articles vendus en quincaillerie ou chinés dans les brocantes.

APPLIQUE MURALE

Une louche aux détails minutieux se convertit aisément en bougeoir. Modelez la louche de sorte que le manche soit perpendiculaire au cuilleron. Percez un trou à l'extrémité du manche, un autre trou tout près du cuilleron, puis vissez la louche sur une planche au niveau de ces deux points. Voir photographie page 79.

COURONNE D'ÉPINES

Du fil de fer barbelé rouillé récupéré au rebut, un matériau précieux pour créer du contraste dans un salon élégant. Enroulez le fil pour former une couronne aérée autour d'un ensemble de grosses bougies.

PLOMBERIE

Parcourez le rayon plomberie des magasins de bricolage, à la recherche de matériel en acier galvanisé pour fabriquer des bougeoirs rustiques d'inspiration industrielle. Tubes, manchons, réductions, nul besoin de connaître le vocabulaire pour faire votre choix, testez simplement les différentes combinaisons. Vissez les pièces ensemble pour obtenir un chandelier à deux branches ou une collection de bouts de tuyaux. Sachez simplement que le diamètre classique des chandelles est de 22 mm ; l'article le plus proche de ce calibre est le manchon ¾". Pour adapter la pièce au diamètre de la chandelle, collez une bobèche (vendue dans les boutiques de loisirs créatifs) à l'intérieur du manchon. Fixez ensuite les bougeoirs sur une planche de bois, ou scellez-les dans un bloc de béton.

CHANDELIERS DE FÊTE

Fabriquez des chandeliers à partir de cuillères et de fourchettes de luxe pour illuminer votre table de fête. Une idée cadeau facile et amusante pour les amateurs de cuisine !

RÉALISATION :

Les bobèches pour chandelles sont disponibles dans les boutiques de loisirs créatifs, et les vis et les écrous de dimensions M1 et M2 sont vendues dans les magasins de bricolage.

1. Modelez délicatement deux couverts de sorte que les extrémités pointues de la fourchette et le cuilleron soient à plat sur la table tandis que le manche est légèrement bombé. Disposez les couverts en croix, recherchez la position la plus stable et marquez au feutre le point de jonction.
2. Percez un trou dans chaque couvert au niveau du repère, 0,5 mm plus large que le diamètre de la vis. Déterminez l'emplacement des bougies et percez un trou dans le cuilleron (sur la fourchette, utilisez l'espace entre les dents).
3. Vissez les manches des couverts ensemble, puis fixez les bobèches avec vis et écrou. Une petite goutte de colle sur la vis avant d'y visser l'écrou consolide la fixation. Coupez la vis juste sous l'écrou. Limez et poncez les bords tranchants.
4. Collez un petit morceau de feutre sur l'écrou situé sous la fourchette et la cuillère pour éviter que l'écrou n'abîme le plateau de la table.

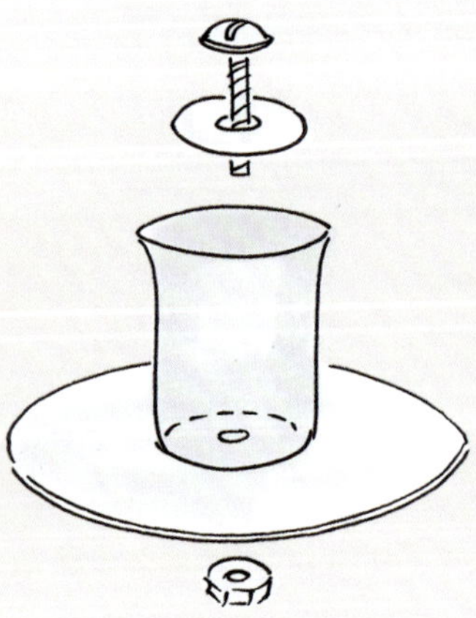

PORCELAINE ANCIENNE

Antiques mais pratiques ! Les anciennes douilles bouchons en porcelaine constituent d'élégants bougeoirs inspirés du style loft vintage. Autrement, rassemblez ces douilles dans un bocal en verre pour un détail déco insolite.

PRODUCE OF
5

AILES D'ANGE

Ces bougies en forme d'ange chassent l'obscurité de la maison. Effet rouillé, galvanisé, ou encore pailleté, les ailes sont découpées à la cisaille. Pour les fixer sur la bougie, chauffez le métal au niveau du point de jonction, puis enfoncez les ailes dans la cire.

RÉALISATION :

Développez votre flair de chineur pour dégoter tout type d'objets en tôle fine, guettez les stands de métaux sur les brocantes. Fermez les yeux sur le critère esthétique, seule la finesse de la tôle compte. Celle-ci sera découpée aux ciseaux, ou idéalement à la cisaille – prévoyez dans ce cas une paire de gants pour éviter les coupures. Dessinez la forme des ailes au feutre indélébile, puis découpez les formes. Aplatissez si besoin les formes, puis frottez les contours au papier de verre. Si la tôle est oxydable, placez les ailes dans un récipient en plastique avec un peu de vinaigre de cidre ; l'acidité va accélérer la formation de la rouille.

COLIFICHETS

Pour personnaliser votre décoration d'intérieur, parez vos bougies de petits ornements. Clé, serrure, petits cadrans, boutons métalliques, roues dentées, vous avez déjà probablement ces babioles sous la main. Enroulez du fil de cuivre et de laiton autour de la bougie, puis clouez les ornements : tenez le clou avec une pince et chauffez-le à la flamme d'une bougie pour l'enfoncer aisément dans la bougie. Pour fixer certains objets, comme les clés, fabriquez des épingles métalliques en forme de U : coupez des morceaux de fil métallique de 5 cm de longueur et courbez-les en leur milieu. Chauffez les extrémités avant de les enfoncer dans la bougie, de part et d'autre de l'objet à fixer.

ABAT-JOUR RECYCLÉS

Les structures métalliques des abat-jour donnent lieu à d'infinies rénovations et transformations. Libérez votre créativité et recyclez les vieux modèles !

BORDURES DÉCORATIVES

Mis à nu, le squelette métallique d'un abat-jour n'a plus aucune utilité – et c'est justement tout son intérêt. Franges, volants, dentelles ou galons à pompons apportent une note d'humour à l'objet superflu.

Le choix de l'ampoule est important. Grâce au développement des ampoules halogènes ou LED, l'offre actuellement très vaste se décline en de nombreuses formes, tailles et puissances – les ampoules à elles seules sont décoratives. Jouez sur les volumes et les proportions !

RÉALISATION :

Débarrassez la structure de l'abat-jour de son revêtement en tissu. Dans de la toile de coton, déchirez des bandes de 2 cm de largeur. Enroulez ces bandes autour des tiges métalliques de la structure de façon à couvrir le métal et à étoffer les tiges – appliquez deux couches, voire trois pour un aspect plus épais. Fixez les extrémités des bandes de tissu par un point de colle. À l'aide d'un pistolet à colle, fixez enfin les bordures décoratives sur le bord inférieur de la structure.

CONSTRUCTION

Squelettiques ou rondelettes, courbées ou longilignes, larges ou étroites, les structures des abat-jour renferment un fort potentiel décoratif. Profitez-en ! Apportez-leur un peu de couleur pour une touche chic, puis suspendez-les isolément ou regroupées en un mobile. Ou encore, érigez une sculpture d'abat-jour empilés pêle-mêle.

CIEL DE LIT

Si vous avez la chance de trouver un abat-jour de très grand volume, transformez-le en support pour ciel de lit. Les tiges métalliques recouvertes de caoutchouc noir contrastent avec un voile de tulle ultra- léger, pour une création très contemporaine. Les romantiques inconditionnels opteront pour un ensemble entièrement blanc, et orneront la structure d'objets décoratifs.

RÉALISATION :

Enveloppez la structure métalliques de bandes de 1,5 cm de largeur du matériau de votre choix : bandes de tissu ou encore bandes découpées dans une chambre à air de vélo. Fixez les extrémités des bandes par un point de colle. Appliquez au minimum deux couches de bandes pour renforcer les tiges.

Enveloppez ensuite les tiges d'un second abat-jour de plus petit volume. Placez ensuite ce petit abat-jour sur le plus grand et assemblez les deux pièces à l'aide de bandes enroulées. Pour le voilage, choisissez un textile parmi des modèles de rideaux cousus et finis : tulle léger, dentelle, tissu ajouré, etc... La méthode de fixation la plus simple consiste à froncer le rideau à quelques centimètres du bord supérieur et de le coudre à la main, au fil extra-fort et à grands points, autour de la structure.

TÊTE EN BAS

Une structure d'abat-jour aux tiges rapprochées ? Retournez la pièce et créez un panier, ou une corbeille, suivant le volume. Pour une touche plus moderne, ce modèle a été recouvert de bandes de caoutchouc découpées dans une chambre à air.

RÉALISATION :

Découpez des bandes de chambre à air de 1,5 cm de largeur. Étirez les bandes à mesure que vous les enroulez autour des tiges afin qu'elles s'appliquent étroitement sur le support et consolident la structure. Fixez les extrémités des bandes par un point de colle forte, et maintenez par une pince à linge ou à papier pendant le séchage.

Les anses du panier sont réalisées dans une vieille ceinture en cuir. Découpez deux bandes de 30 à 35 cm de longueur chacune, puis repliez les extrémités de chaque bande autour du bord supérieur du panier et collez-les sur l'envers de l'anse.

GRÂCE SCULPTURALE

Le squelette des grands abat-jour chinés sur les brocantes est une base idéale pour réaliser des structures de table toute en finesse et en légèreté. Selon le diamètre et la forme de l'abat-jour, sa structure est utilisée seule ou en association avec une autre structure. L'ensemble est ensuite surmonté d'un fin plateau de service en métal.

RÉALISATION :

Procurez-vous du fil en aluminium de 1,5 à 2 mm d'épaisseur (vendu dans les boutiques de loisirs créatifs), un fil à la fois résistant et malléable. Assemblez les deux structures en enroulant le fil autour de leurs tiges. Serrez bien au fur et à mesure de l'assemblage. Pour donner un nouveau style à la table, l'idéal est de repeindre la structure. Utilisez de la peinture en spray, ou de la laque martelée pour un résultat plus durable.

CLOCHE

Un vieux plateau en argenton ou une soucoupe en zinc de jardinerie se couvre d'une cloche bricolée à partir d'un abat-jour grillagé. Sous la cloche, une collection d'objets à la manière d'une nature morte.

RÉALISATION :

Choisissez du grillage à poule à maillage étroit, disponible dans les magasins de bricolage. Ce grillage présente l'avantage d'être modelable ; adaptez-le à la circonférence de l'abat-jour en l'étirant et en le bombant, et recoupez-le aux mesures souhaitées. Appliquez ensuite de la peinture en spray du coloris de votre choix.

Il est indispensable de protéger les extrémités du fil qui pourraient être blessantes. Enveloppez la base de la cloche de bandes de tissu ou de chambre à air de 1,5 cm de largeur. Fixez l'extrémité des bandes par un point de colle. Un bouton de porte au sommet de la cloche fait office de poignée. Pour le fixer, et à la fois dissimuler l'ouverture prévue dans l'abat-jour pour l'ampoule, découpez deux petits disques de contreplaqué et percez un trou de 5 mm en leur centre. Poncez les disques puis peignez-les. Placez un disque au sommet extérieur de la cloche, et l'autre disque à l'intérieur de la cloche, puis vissez le bouton.

FAÇON GIGOGNE

Voir description page 92

FAÇON GIGOGNE

Recyclez les vieux abat-jour... en abat-jour! Conservez la fonction première de l'objet, mais en y apportant une touche personnelle. Ici, on a choisi de superposer plusieurs modèles de diamètres variés, pour créer une combinaison donnant naissance à un lustre. Habillez les structures de tissus légers et ajourés pour laisser apparaître les différents étages lorsque la lumière est allumée.

RÉALISATION :

La plupart des abat-jour de lustre sont montés à l'aide d'un support avec douille, dont une extrémité est filetée pour y visser deux bagues entre lesquelles est insérée la structure de l'abat-jour. Prévoyez un support avec douille pour chaque abat-jour.

Avant de suspendre les deux abat-jour supérieurs, ôtez le corps de la douille intégré dans leurs supports respectifs. Il ne doit rester dans le support que les bagues de fixation pour l'abat-jour. Fixez un raccord passe-fil au sommet du support. Passez le fil électrique dans le raccord puis dans le support et serrez la vis du raccord pour maintenir le fil. Fixez enfin l'abat-jour à l'aide des bagues à visser.

Répétez ceci pour fixer le deuxième abat-jour, un peu plus bas sur le fil électrique.
Seul le dernier abat-jour est monté sans modification du support, le corps de la douille est conservé pour accueillir l'ampoule.

LUMIÈRE SUR LES OISEAUX

Transformez un abat-jour en cage à oiseaux! La structure est resserrée par l'ajout de tiges en fil métallique, et des branches naturelles sont insérées à l'intérieur de la cage pour y percher les oiseaux.

RÉALISATION

Cette lampe décorative est facile à réaliser. Procurez-vous du fil à souder recuit, il s'agit d'un fil assez épais, résistant, mais à la fois malléable. Avec ce fil, complétez la structure de l'abat-jour en le tissant entre les tiges. Étirez soigneusement le fil et serrez-le fermement au fur et à mesure. Peignez ensuite la cage avec de la peinture en spray.

CAGE ILLUMINÉE

Si les abat-jour se transforment en cage à oiseaux, pourquoi ne pas envisager l'inverse? La structure ajourée de la cage facilite le montage du support d'ampoule.

ÉROSION NATURELLE

Percés, fissurés, joliment érodés par la pluie et le vent, les tourets de câbles sont pourtant des objets très prisés. Avec un peu d'inspiration, ils se déclinent en divers meubles et articles de décoration.

TABLE PIVOTANTE

Quel heureux mariage ! Un vieux tabouret d'atelier et un plateau récupéré d'un touret sont associés pour créer une table de salon sensationnelle de style atelier.

TABLE ET HORLOGE

1. Démontez le touret. Le cylindre central est renforcé de barres métalliques (les résidus de rouille de ces barres sont visibles sur le cadran de l'horloge) ; démontez-le précautionneusement à la scie sauteuse. Les attaches rouillées sont décoratives, pour les conserver, sciez les barres de soutien à la scie à métaux ou à la meuleuse d'angle juste sous le plateau. Une fois le plateau en bois nettoyé, les attaches pourront être de nouveau fixées avec de la colle.
2. Brossez soigneusement le plateau en bois, puis laissez sécher complètement. Lissez ensuite la surface par un ponçage. Dépoussiérez la surface, puis appliquez de l'huile-cire pour conserver l'aspect naturel, ou une lasure blanche pour éclaircir la teinte du bois.
3. Table : Les anciens tabourets d'atelier ou de bureau sont très simples à transformer. Il suffit de retourner l'objet et de dévisser la platine qui maintient le mécanisme pivotant et les pieds. Récupérez la partie inférieure et vissez-la sur le plateau en bois du touret. Terminé !
4. Horloge, voir page 96. Des chiffres de matériaux, de formes et de dimensions divers s'imposent et mettent en valeur le cadran en bois vieilli. Libre à vous de fabriquer les chiffres et de les peindre à votre guise, ou de chiner les brocantes et les enseignes en quête de numéros stylisés. Outre les chiffres en bois disponibles toute l'année dans les boutiques de loisirs créatifs, d'autres modèles en métal, ou sous forme de plaquettes, sont commercialisés pendant les fêtes de Noël. Enfin, les magasins de bricolage proposent de gros chiffres à appliquer sur les maisons, ou de plus petits formats pour les boîtes aux lettres.
5. Le plateau en bois du touret est percé d'un trou en son milieu. Couvrez ce trou d'un disque en contreplaqué de 6 mm d'épaisseur, fixé par de la colle. Renforcez le collage par quelques petits clous. Suspendez l'horloge à un petit clou par l'un des trous du cadran.

2. Le cylindre central de mon touret était en très mauvais état. Pour le dissimuler, je l'ai enveloppé d'une grosse corde en chanvre.
3. Pour ranger les livres, il est nécessaire d'ajouter un soutien. Le choix des baguettes est judicieux car celles-ci offrent de surcroît un renfort supplémentaire au touret, surtout s'il est assez abîmé.
4. Les baguettes sont fabriquées dans des planches de bois raboté de 18-21 x 33 mm, et sont disposées à intervalle proche, 25 cm au maximum. Mesurez la hauteur extérieure du touret (A). Sciez une encoche aux extrémités de chaque baguette, à mi-hauteur et d'une longueur égale à l'épaisseur du plateau du touret (C). Pour une finition soignée, sciez les extrémités des baguettes en biais, ou arrondissez-les par ponçage.
5. Poncez et arrondissez les arêtes des baguettes. Appliquez le traitement adéquat pour donner aux baguettes une teinte vieillie proche de celle du touret – utilisez une teinte bois foncée, ou une cire de teinte foncé à appliquer au chiffon.
6. Vérifiez que la petite longueur des baguettes correspond à la hauteur intérieure du touret (C). Percez les baguettes au niveau de leurs encoches, puis vissez les baguettes à la verticale sur les plateaux du touret.

TOUJOURS À L'HEURE

Un seul touret se dédouble en deux objets différents et assortis. Le plateau en bois portant les marques d'usure devient le cadran d'une horloge rustique format XL.

COLONNE À LIVRES PIVOTANTE

Avec un peu d'aménagement, le touret se transforme en meuble champêtre, à la fois table et bibliothèque. Idéal pour les beaux livres de grand format !

RÉALISATION :

1. Commencez par nettoyer et poncer le plateau supérieur, puis appliquez de l'huile-cire. Vissez quatre roulettes sur le plateau intérieur du touret. Choisissez des roulettes fixes (non pivotantes), et placez-les de sorte que leur support soit parallèle au bord du plateau (voir schéma). Ainsi, la colonne pivotera facilement.

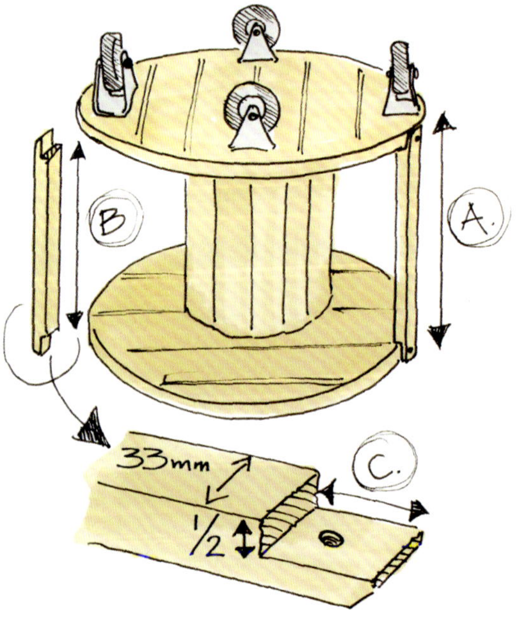

123
TOMMY
SVERIGE
SIMONE de BEAUVOIR
AS TIME GOES BY
INGRID BERGMAN
LAURENCE LEAMER
FORUM
JOHN SHERMAN
VISIT HOS EXCENTRISK HERRE

PORTES DU PASSÉ

L'aménagement intérieur, c'est aussi prendre les chemins de traverse. Les anciennes portes à panneaux sont précieuses ; leur jolie patine, leurs moulures et leur bois massif en font un matériau authentique idéal dans un intérieur de style campagne.

PLAN DE TRAVAIL INGÉNIEUX

Deux portes ouvrent la voie vers la création d'un plan de travail ou d'un îlot de cuisine. Le meuble revisite le passé pour s'inscrire dans un style contemporain. Sa façade patinée dissimule un espace de rangement par étagères ouvertes. Le panneau ardoise est également réalisé dans une porte ; seule la partie autrefois vitrée a été conservée, le reste a été scié. Les carreaux de verre ont été remplacés par des panneaux de contreplaqué peints à la peinture ardoise.

BOIS ET MÉTAL

La tôle galvanisée est un bon choix pour le plateau du plan de travail. En revanche, si vous souhaitez pouvoir pétrir vos pâtes ou découper vos légumes directement sur la surface, je vous conseille d'opter pour l'acier inoxydable, une solution plus onéreuse mais bien plus pratique. Si le plateau est en bois massif, une tôle de 0,5 à 0,7 mm d'épaisseur suffit. Enfin, sachez que la couverture en métal n'est pas indispensable, vous pouvez parfaitement laisser le bois naturel apparent.

FOURNITURES

- 2 ou 3 portes
- Un plan de travail de votre choix
- A : 6 pieds de 45 x 70 x longueur = 1 cm de plus que la hauteur des côtés
- B : 3 baguettes latérales de 45 x 45 x longueur = largeur des côtés
- C : 2 traverses de 45 x 45 x longueur = longueur de la façade (raccourcies ultérieurement)
- D : 8 baguettes d'appui de 21 x 70 x longueur = largeur des côtés
- E : 10 à 12 lattes pour les étagères, 21 x 95 x longueur de la façade (raccourcies ultérieurement)

Utilisez du bois d'œuvre, qui est généralement assez proche du bois de menuiserie. Comme il n'est pas raboté, poncez simplement la surface pour la lisser et faire apparaître le veinage.

Après ponçage, peignez le bois avant l'assemblage. Ce sera plus pratique et plus rapide !

Pour l'assemblage, si vous souhaitez conserver l'allure d'origine de la porte, utilisez des vis à tête fraisée, dont la tête s'enfonce bien dans bois. Le résultat est discret, et vous pouvez éventuellement enduire les vis de mastic. Appliquez le mastic sur la tête de vis puis frottez avec un chiffon humide afin que le mastic remplisse uniquement le trou de la tête de vis.

RÉALISATION :

1. Prévoyez deux portes au minimum. L'une sera conservée entière, l'autre sera découpée en deux morceaux identiques comprenant chacun le panneau et son cadre, et correspondant aux côtés du meuble. Si cette découpe est incompatible avec le modèle de votre porte, prévoyez une troisième porte. Dans tous les cas, ne jetez pas les chutes de découpe, elles pourront servir à d'autres créations.

2. La largeur standard des portes anciennes est de 90 cm; en positionnant votre porte sur la tranche, vous obtenez une hauteur de travail idéale. Avant de poursuivre, vérifiez que les portes soient bien planes et que leurs angles soient droits. Vérifiez également que les deux côtés sont de dimensions identiques. Si nécessaire, sciez les morceaux à ajuster.
3. Plus les côtés sont épais, plus le meuble sera stable. J'ai muni mon meuble de roulettes pour pouvoir le déplacer plus facilement. Comme l'illustre la photographie page 99, j'ai fixé une baguette d'appui plus large et résistante en bas du meuble pour y visser les roues. Néanmoins, le meuble est plus stable sans roulette, je les ai donc exclues de ces instructions de fabrication.

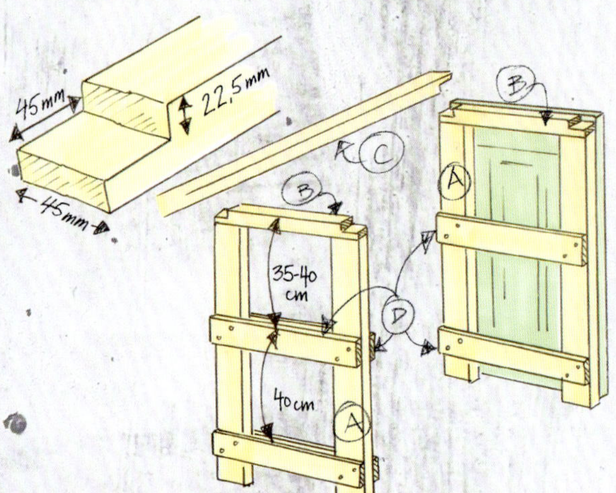

4. Préparez les baguettes latérales : sciez une encoche à chaque extrémités des baguettes pour réaliser un assemblage à recouvrement (voir schéma). Vissez ensuite les baguettes latérales, les pieds et les baguettes d'appui sur la face intérieure des panneaux latéraux. Pour soutenir le plan de travail assez long, ainsi que les étagères, une paire de pieds centraux est nécessaire. Il s'agit du même système que pour les côtés, sans le panneau de porte, et qui sera assemblé au fur et à mesure que les étagères seront posées. Commencez simplement par assembler les baguettes d'appui inférieures et les pieds.
5. Fixez la façade sur les côtés du meuble par des vis. Retournez le meuble dans sa position finale et vérifiez la distance entre les côtés pour découper les traverses et les étagères aux dimensions adéquates.

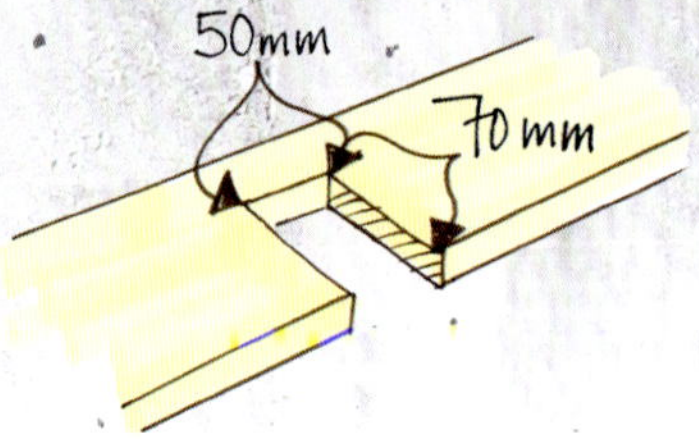

6. Placez tout d'abord les lattes de l'étagère inférieure et fixez-les au meuble. Prévoyez une encoche sur les lattes extérieures afin de les imbriquer dans les pieds centraux. Sur les pieds centraux, fixez les baguettes d'appui pour l'étagère supérieure, puis ajoutez les lattes comme précédemment. Fixez enfin la baguette latérale en haut des pieds centraux.
7. Sciez une encoche aux extrémités des traverses pour effectuer un assemblage par recouvrement. Sciez ensuite une encoche au milieu des traverses, correspondant à l'emplacement des pieds centraux. Fixez ces traverses par des vis. La structure du plan de travail est terminée, vous pouvez à présent la surmonter du plateau de votre choix.

SIMPLISSIME

Comment créer une ambiance rétro dans une maison neuve ? Appuyez une porte ancienne, abîmée mais jolie, contre un mur. Fixez-y quelques crochets assortis pour y suspendre des objets décoratifs. Effet garanti, en toute simplicité !

448
RJY
581
BJS
12345

PRINCESSE AU PETIT POIS

Canapé, lit de jour ou lit d'appoint pour les amis ; ce meuble multifonction est composé de trois portes, d'une pile de matelas et d'une profusion de coussins vêtus de housses en coton imprimé. Un lit de princesse, en quelques sortes ! Et pour les princesses modernes, le lit est équipé de roulettes de style industriel.

CHOIX DES PORTES ET DES MATELAS

Les portes à panneaux de facture ancienne sont d'une valeur inestimable. Très esthétiques, fabriquées dans du bois massif, elles sont un support idéal pour la création de ce meuble.

Les dimensions standard des matelas en mousse sont 80 x 200 cm, mais dans le cas d'un sofa, il est préférable de choisir des matelas moins larges pour une assise plus confortable. Certains fournisseurs proposent des matelas de largeur 70 cm.

La porte utilisée pour le fond du sofa sera recoupée aux dimensions des matelas.

FOURNITURES ET MATÉRIAUX

- A – Fond – 1 porte de 2-3 cm plus large et 1-2 cm plus longue que les matelas
- B – Dossier – 1 porte de mêmes dimensions que le fond
- C – Accoudoirs – 1 porte de même largeur que le fond
- D – Barres pour le cadre du fond – 45 x 45 mm, 2 barres de la longueur de la porte et 2 barres de la largeur de la porte
- E – Barres pour les angles – 45 x 45 mm, 2 barres de la largeur de la porte
- F – Planches de soutien – 2 planches de 21 x 120 mm x largeur du fond (facultatif, uniquement si roulettes)
- G – 1 linteau en pin raboté – 21 x 56 mm x longueur = 14 cm de plus que la longueur du dossier.
- Pin raboté – 2 linteaux de 21 x 56 mm x longueur = 2,5 cm de plus que la profondeur des accoudoirs
- 4 pieds de lit ou 4 grosses roulettes (disponibles dans les magasins de bricolage)
- Vis à tête fraisée – 40, 70 et 100 mm
- Colle à bois
- Pastilles de bois – 15 mm de diamètre.

RÉALISATION :

1. Enlevez les gonds des portes puis poncez et peignez tous les éléments avant le montage du sofa. Pré-percez les trous pour les vis.
2. Fixez les barres du cadre à la porte du fond, sur la face extérieure. Alignez les bords sur les côtés et sur une longueur, et décalez la barre de quelques centimètres sur l'autre longueur, correspondant à la face visible du sofa.

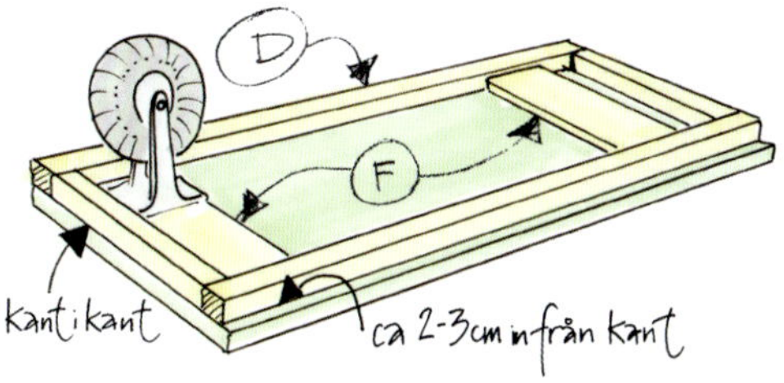

3. Si vous utilisez des pieds de lit, fixez-les sur le cadre du fond. Pour la fixation de roulettes, les panneaux et le relief de la porte peuvent être problématiques. Fixez une planche de soutien de chaque côté de la porte à l'intérieur du cadre pour obtenir une surface plane, et ajoutez les roulettes.
4. Fixez le dossier contre le bord inférieur arrière de fond, avec des vis de 70 mm. Enfoncez les vis alternativement dans la porte et dans la barre du cadre pour élargir la surface de fixation et renforcez le maintien.
5. Recoupez les barres d'angle de 45 x 45 mm à la hauteur du dossier. Fixez tout d'abord ces barres contre le bord du dossier, avec des vis de 100 mm.
6. Sciez les accoudoirs à 55 cm de hauteur environ. Fixez-les ensuite contre les largeurs du fond, suivant le même mode que la fixation du dossier au fond. Depuis l'arrière du sofa, vissez les barres d'angles contre le bord des accoudoirs.
7. Poncez finement les linteaux du dossier et des accoudoirs, en arrondissant les arêtes et les angles. Fixez les linteaux sur le bord supérieur du dossier et des accoudoirs.
8. Dissimulez les vis apparentes par des pastilles de bois collées sur les têtes de vis.

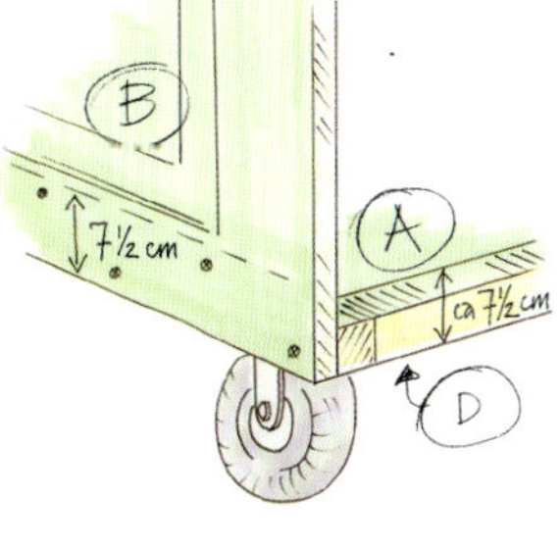

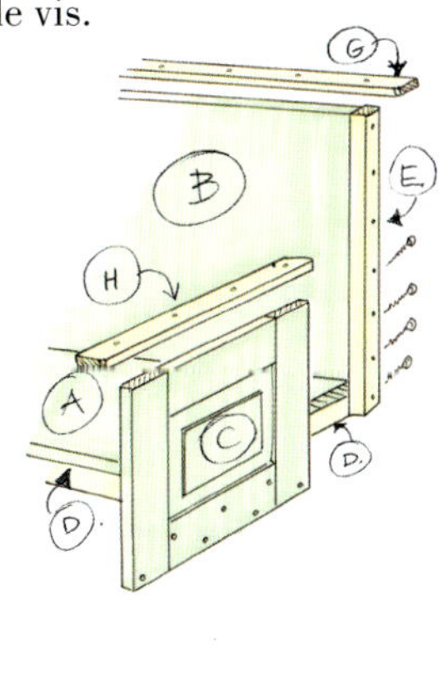

PARAVENT

Les vieilles portent constituent un support parfait pour la fabrication d'un paravent au charme rustique. J'ai volontairement associé des portes de caractères différents pour créer un patchwork de couleurs et de formes, en évitant néanmoins les pièces trop volumineuses pour obtenir un paravent relativement léger et manipulable. Les portes sont assemblées par des paumelles solides. Enfin, de petites roulettes fixées au bas des portes assurent un déplacement aisé du paravent.

PORTES ANCIENNES : CONSEILS

- Toutes les portes de fabrication ancienne se prêtent au recyclage. Même si elles sont tachées ou abîmées, certaines parties saines peuvent certainement être prélevées et réutilisées dans un but décoratif.
- Si la porte était entreposée dans un environnement froid et humide, placez-la pendant une à deux semaines au chaud et au sec avant de commencer la rénovation. Si la porte est très sale, il est préférable de la récurer avant de la placer au sec.
- La peinture d'origine écaillée peut apporter du charme à votre création, il se peut même que la porte ait été repeinte plusieurs fois au cours de sa vie. Évitez l'usage du décapeur thermique ou même de la spatule à gratter, préférez un ponçage soigné. Le ponçage vous permet de découvrir progressivement toutes les couches de peinture et de créer une surface nuancée – comme une carte racontant l'histoire de la porte.
- Les vis rouillées sont souvent indélogeables. Essayez de placer une bédane dans l'empreinte de la tête, puis frappez doucement au marteau pour former une meilleure accroche pour le tournevis.

PATINE RUSTIQUE ET STYLE INDUS

Construisez une table de salon mariant deux extrêmes : deux plateaux sciés dans une vieille porte et des profilés métalliques pour étagères d'atelier.

TABLE DE SALON

Le système d'étagères est conçu à l'aide de cornières métalliques perforées, disponibles dans les magasins de bricolage, en 30 ou 40 mm de largeur, et de longueurs variées. Les vis, les écrous, les rondelles spécialement adaptés, ainsi que les embouts en plastique sont généralement proposés à proximité des cornières.

Les cornières peuvent être coupées à la scie à métaux. Si vous possédez une meuleuse d'angle, la découpe sera plus rapide. Les bords coupés sont tranchants, émoussez-les par limage ou par ponçage.

Une alternative consiste à commander chez un fournisseur spécialisé les profilés coupés à la longueur de votre choix. Ce type de découpe est très simple pour un professionnel, et n'est généralement pas d'un prix excessif.

RÉALISATION

1. Les dimensions de la structure de la table seront fonction des perforations des cornières. Mesurez la ou les portes à votre disposition, et notez les dimensions maximales possibles pour les plateaux de la table.
2. Si nécessaire, découpez les cornières à angle droit, entre deux perforations, pour obtenir 8 profilés destinés à supporter les plateaux de la table. Les longueurs des cornières sont égales aux dimensions maximales relevées pour les plateaux, et sont ensuite adaptées en fonction de l'emplacement des perforations, de sorte qu'elles soient égales ou légèrement inférieures (ce qui sera probablement le cas) à ces dimensions maximales.

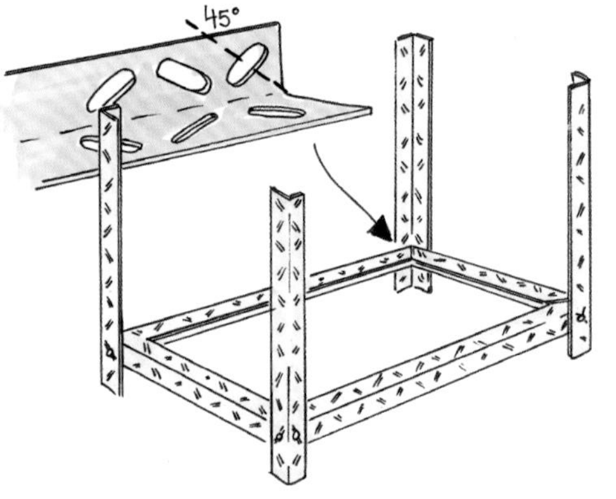

3. Recoupez ensuite à 45 degrés le côté des cornières qui sera placé contre le dessous des plateaux.
4. Dans les cornières perforées, découpez également 4 pieds de 50 à 55 cm de longueur. À l'aide d'une clé à molette et d'une clé Allen, fixez tous éléments nécessaires à l'assemblage des pieds et du cadre du plateau inférieur. Vissez les boulons en intercalant une rondelle, vérifiez les angles droits à l'aide d'une équerre puis serrez fermement les écrous.
5. Mesurez les dimensions précises pour l'emplacement des plateaux, puis sciez les plateaux en ôtant 2 à 3 mm à tous les bords. Poncez les plateaux et arrondissez les angles. Protégez-les ensuite par une couche de cire ou d'huile-cire pour obtenir une surface mate.
6. Positionnez le plateau inférieur. Assemblez ensuite les cornières formant le cadre du plateau supérieur.

L'extrémité supérieure des pieds ne doit pas dépasser du plateau supérieur. Polissez et limez ces parties si nécessaire. N'oubliez pas enfin de couvrir le bas des pieds d'embouts en plastique pour éviter que le métal ne laisse des traces sur le sol.

BRUXELLES
BRUSSEL
NAMUR

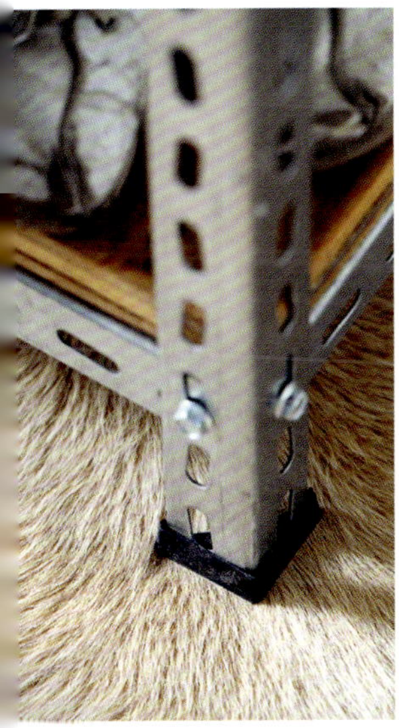

3

Les portes anciennes sont prisés des bricoleurs désireux de fabriquer leur armoire à vêtements. Cela nécessite une certaine somme de travail, mais constitue une solution bien plus économique que l'achat d'une vulgaire garde-robe en stratifié – sans compter l'allure esthétique et personnalisée du résultat !

La tôle galvanisée fixée au dos de l'armoire apporte une touche contemporaine au meuble. L'intérieur de la porte est également renforcée par une tôle galvanisée.

La poignée de porte est fabriquée à partir d'une vieille ceinture en cuir : une bande de 20 cm aux extrémités arrondies est pliée en deux puis vissée dans la porte.

Lettres et chiffres ornent l'armoire dans un style industriel. Peignez-les directement sur le bois ou utilisez par exemple des numéros de maison. Ce modèle est en bois. Je l'ai préalablement peint en noir puis poncé par endroit pour faire ressortir le relief, avant de le fixer avec de la colle et quelques clous.

FABRICATION D'UNE ARMOIRE

J'ai réalisé cette armoire avec l'autre moitié de la porte utilisée pour la création de l'étagère page 113, ce qui explique le format étroit du meuble qui rappelle les vestiaires métalliques très en vogue actuellement – à ceci près que celui-ci est en bois. La méthode de fabrication est identique pour une armoire dotée d'une porte entière mais plus petite (dans les maisons anciennes, même les placards et les garde-robes avaient des portes travaillées) ou d'une double porte. Les portes en bois massif sont lourdes, pensez donc à fixer l'armoire au mur pour éviter qu'elle ne bascule à l'ouverture.

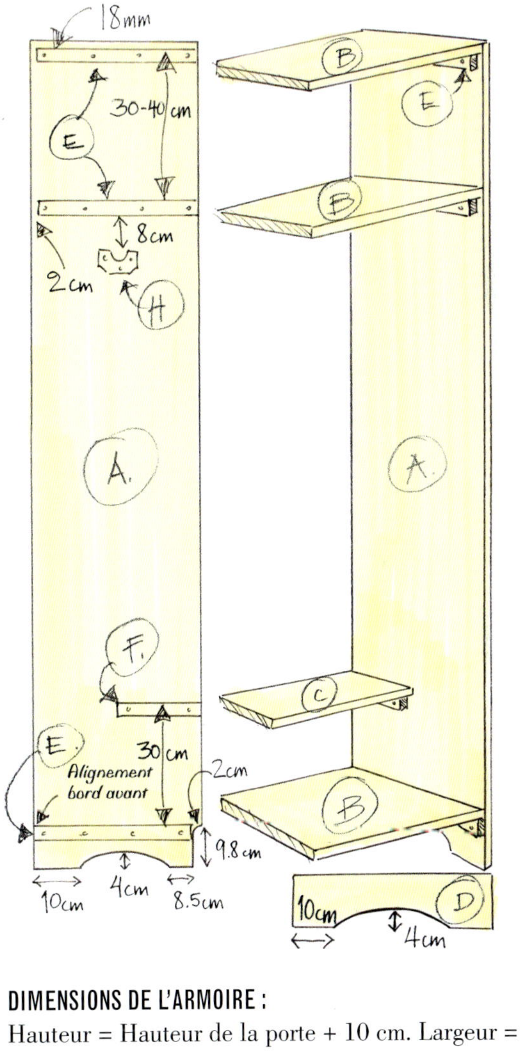

DIMENSIONS DE L'ARMOIRE :

Hauteur = Hauteur de la porte + 10 cm. Largeur = Largeur de la porte. Profondeur – 50 ou 60 cm. Dans les instructions de fabrication, les mesures valant pour une profondeur de 50 cm sont marquées en gras.

FOURNITURES ET MATÉRIAUX :

Planches de pin naturel, 18 x 500 ou 600 mm de largeur :

- A – 2 planches pour les côtés, longueur = hauteur de la porte + 100 mm
- B – 3 étagères, longueur = largeur de la porte moins 36 mm

Planches de pin naturel, 18 x 300 ou 400 mm de largeur :

- C – 1 étagère, longueur = largeur de la porte moins 36 mm
- D – 1 planche pour le bas de la porte, 100 mm x largeur de la porte

Pin raboté, 21 x 33 mm :

- E – 6 baguettes d'appui, 480 ou 580 mm
- F – 2 baguettes d'appui, 280 ou 380 mm

Tôle galvanisée 0,7 mm ou isorel 3 mm :

- G – dos de l'armoire, largeur x hauteur = dimensions de l'armoire moins 5 mm
- H – supports pour la tringle, en métal ou en bois, 18 x 100 x 100 mm
- I – tringle ou barre 28 mm de diamètre, longueur = longueur des étagères
- J – 3 jeux de paumelles et ferrures solides
- Vis – 35 ou 40 mm
- Colle à bois
- Loqueteau magnétique

OUTILLAGE :

Scie circulaire
Scie sauteuse
Perceuse / visseuse
Ponceuse
Équerre

RÉALISATION :

1. Les portes anciennes sont souvent bancales. Commencez par vérifier l'aplomb et les angles droits. Mesurez la porte en diagonale, d'un angle à l'autre, des deux côtés. Si les deux mesures sont identiques, c'est que la porte n'est pas voilée. Si nécessaire, ajustez les côtés de la porte à la scie. Sciez ensuite la longueur où sont fixés les gonds d'origine pour ôter les marques laissées par ces éléments. Vous pouvez à présent couper et préparer toutes les pièces de l'armoire en fonction des dimensions de la porte.
2. Effectuez une découpe arrondie au bas des deux côtés ainsi que sur une longueur de la planche placée au bas de la porte. Pour permettre de plaquer l'armoire contre le mur, effectuez une encoche en bas des côtés, au niveau de l'angle arrière, correspondant à l'emplacement des plinthes (15 x 98 mm ici). Poncez toutes les surfaces et les bords bruts.
3. Pré-percez les trous pour les vis le long des baguettes d'appuis : 4 trous sur les plus longues, et 3 trous sur les plus courtes. Couchez les côtés à plat, face intérieure apparente. Marquez l'emplacement de toutes les baguettes d'appui. Appliquez de la colle au dos des baguettes et fixez-les sur les côtés. Alignez l'extrémité des baguettes inférieures avec le bord avant de l'armoire, et l'extrémité des baguettes supérieures avec le bord arrière. Renforcez la fixation avec les petites vis.
4. Il existe des supports pour tringles prêts à l'emploi. Alternativement, fabriquez vos propres modèles dans une chute de bois : percez un trou de 28 mm au centre de la chute, puis coupez la chute en deux parties identiques. Sciez les angles pour améliorer l'aspect, puis percez des trous pour les vis. Poncez la surface et les arêtes, puis fixez les supports sur l'intérieur des côtés de l'armoire.

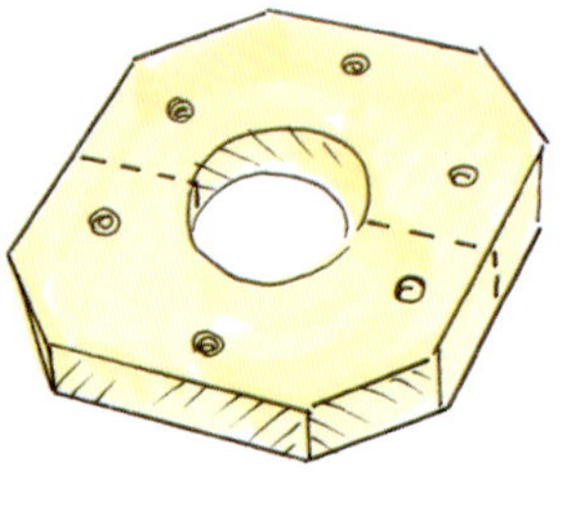

5. Pour faciliter le travail, je vous recommande de peindre les étagères et l'intérieur de l'armoire avant l'assemblage.
6. Pré-percez les trous pour les vis le long des côtés des étagères, à 12 mm des bords. Pour la suite, demandez de l'aide. Couchez les côtés sur leur longueur, intérieurs face à face. Fixez tout d'abord l'étagère inférieure, puis continuez en progressant vers le haut. Pour cela, encollez le dessus des baguettes d'appui, puis ajoutez l'étagère. Vérifiez les angles droits. Fixez ensuite l'étagère avec les vis longues. Fixez également la tringle par des vis.
7. Pour garantir la pérennité du meuble, ajoutez 3 vis sur chaque côté des étagères, par l'extérieur. Éventuellement, enduisez ces vis de mastic, ou, méthode plus rapide, couvrez-les de pastilles de bois de 15 mm de diamètre collées sur les têtes de vis. Si les vis sont placées à intervalle régulier, ces pastilles apporteront une touche décorative, semblable à un rivetage.
8. Couchez à présent l'armoire à plat, dos apparent. Fixez le dos par des clous ou des vis. Retournez l'armoire, puis placez la porte. Ajoutez l'élément du bas de porte, dans l'alignement du bord inférieur de l'armoire. Fixez cet élément par des vis.
9. Il reste à monter la porte avec des paumelles. Le plus simple est de fixer des vis contre le bord de la porte et l'extérieur de l'armoire. Cette solution, laissant les vis apparentes, déplaira aux plus perfectionnistes, mais si les paumelles sont esthétiques et les vis assorties, le résultat sera satisfaisant. Fixez enfin un loqueteau magnétique, ou un loquet ancien, pour la fermeture de la porte.

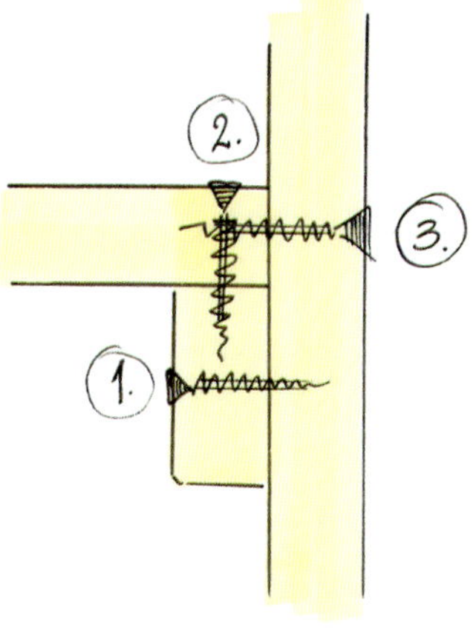

RÉNOVATION RAPIDE

Portes couchées, porte debout... La tendance du moment est d'utiliser une vieille porte couchée pour en faire une tête de lit. L'idée ici consiste à recycler deux portes placées debout, pour un effet surdimensionné. Nul besoin de choisir absolument deux portes identiques ; l'aspect dépareillé peut apporter un certain charme.

Décorez ensuite la tête de lit d'une guirlande lumineuse, de photographies en noir et blanc suspendues à un morceau de ficelle ou de ruban, ou encore revêtez les panneaux de papier peint ! Choisissez par exemple un ensemble de motifs variés et colorés.

VIEILLES PORTES, NOUVELLE VIE

Cette étagère est composée de portes coupées dans leur longueur et soigneusement poncées et huilées – le traitement à l'huile sur les bois anciens est une merveille, sans comparaison avec le bois neuf. Un ami métallier a réalisé une structure simple, et le meuble a pris forme, offrant un espace de rangement généreux.

MERVEILLEUX MÉTAUX

Surfaces chatoyantes, effets trompe-l'œil,
les tôles métalliques ont le don d'inscrire les objets
les plus banals dans l'air du temps, par leur
touche contemporaine émanant du style industriel.

TÊTE EN BAS

Il y a bien dans votre grenier, ou dans votre garage, un vieux seau en zinc et quelques autres bricoles inutilisées ? Retournez le seau pour le transformer en un clin d'œil en une grosse lampe métallique.

RÉALISATION :

Brossez soigneusement le seau. Percez trois trous sur le bord inférieur de façon à le suspendre au moyen de chaînes et de crochets en S. Percez également un trou de 10 mm de diamètre au centre du fond pour y glisser un fil électrique raccordé à un support d'ampoule. Ajoutez un raccord passe-fil en plastique pour protéger le fil du bord tranchant du trou. Nettoyez le seau avec de l'alcool à brûler. Pour créer un effet de métal riveté, collez quelques pastilles en bois sur le seau. Appliquez enfin de la laque martelée du coloris de votre choix sur la surface extérieure. Si la surface intérieure vous déplaît, appliquez de la peinture en spray – idéalement de coloris clair pour favoriser la réflexion de la lumière.

LAQUE MARTELÉE

La laque martelée fait des miracles sur les supports les plus difficiles. La surface chatoie comme le métal – l'application est rapide, et le résultat d'une grande résistance. D'ordinaire, la laque martelée est réservée aux surfaces métalliques mais il est tout à fait possible de l'appliquer sur du bois. Sachez toutefois qu'une surface enduite de laque martelée ne pourra plus être couverte d'un autre type de peinture.

APPLICATION

Nettoyez la surface au savon pour peinture ou à l'alcool à brûler. Appliquez une fine couche d'apprêt en spray, uniquement pour améliorer l'accroche. Ajoutez ensuite 2 à 3 couches de laque martelée. Il n'est pas nécessaire d'être extrêmement méticuleux. Utilisez un simple pinceau et ne vous souciez pas des imperfections liées à l'application. Badigeonnez, tout simplement ! Une précaution néanmoins : si la couche est trop épaisse, la peinture risque de couler. En raison du séchage rapide, vous pouvez appliquer la couche suivante au bout de quelques heures.

TRANSFORMATION SUPERFICIELLE

Il existe des peintures métallisées pour tissus déclinées dans les nuances classiques, et d'autres pailletées. Ce type de traitement est une solution rapide pour rénover vos textiles. Les housses de coussins ternies seront ainsi astucieusement modernisées, jusqu'à la prochaine envie de changement !

RÉALISATION :

Évitez de couvrir uniformément la surface ; formez de préférence des taches de peinture. Si vous êtes habile avec le pinceau, ajoutez quelques détails pour mettre le motif en valeur. Ou bien encore, procédez à l'instinct. Appliquez la peinture par endroit, puis étalez-la au pinceau ou à la main. Ajoutez ensuite une couche de peinture pailletée de façon aléatoire. Après séchage complet, fixez la peinture au fer à repasser chaud suivant les instructions figurant sur le flacon.

TRÔLES MÉTALLIQUES

Les tôles perforées de petit format sont généralement disponibles dans les magasins de bricolage, dans un large éventail de motifs. En revanche, les tôles de grand format étant plus rares, orientez-vous plutôt vers les fournisseurs spécialisés dans les articles métalliques. Si de telles adresses manquent dans votre région, contactez un couvreur pour effectuer une commande par son intermédiaire. Cette solution vous permet d'obtenir les tôles découpées aux mesures souhaitées. Si vous devez réaliser vous-même les découpes, utilisez une meuleuse d'angle, voir page 32.

TROMPE-L'ŒIL

Est-ce de la fonte ? On est dupés par ces jolis meubles en bois tourné, aux formes effilées et enduits d'une nuance métallisée. Grande nouvelle : le métal existe aussi sous forme liquide, à appliquer au pinceau ou à la bombe. La laque martelée, tout particulièrement, produit une surface lustrée étrangement ressemblante.

Les meubles en pin éclaircis à l'acide connurent leur succès dans les années 1990 avec le boom du style campagne. Désormais, ils attendent patiemment un seconde vie sur les étales des brocantes. Fioritures indésirables ? Sur ces articles de fabrication récente, elles sont généralement assez simples à éliminer.

ARMOIRE IMITATION TÔLE

Cet élément banal, à la surface lisse, sans complexité, est transformé en armoire de style atelier grâce à l'usage de laque martelée. Les pieds boules en bois ont été remplacés par des roulettes, et des poignées métalliques se sont substituées aux boutons en bois. Pour créer un aspect véritablement industriel, le panneau central des portes a été enlevé au profit de tôles perforées. Un des panneaux en bois a par ailleurs été recyclé en tableau à craie, voir page 53.

TÔLE PERFORÉE

La tôle perforée présente l'avantage d'être légère, ce qui n'est pas négligeable lorsque le meuble est peu robuste. Le motif de perforation choisi ici est dénommé « trèfle ». La tôle a été collée au dos du cadre en bois à l'aide de silicone transparent. Enfin, des équerres d'assemblage fixées aux quatre angles des portes renforcent la solidité des panneaux.

FREESTYLE
THE NATURAL HOME

ASTUCE !

Pour valoriser les petites consoles, placez-les à hauteur de regard sur un buffet ou une grande table - ce qui donne en outre une nouvelle dimension au grand meuble.

TÔLE PATINÉE

L'effet métallique patiné et veiné produit une surface surprenante – une astuce pour embellir un meuble terni. Et l'ingrédient essentiel de cette recette se trouve certainement déjà dans votre cuisine : du papier aluminium !

ARGENT VIEILLI

La surface à rénover doit être poreuse pour favoriser l'absorption de l'humidité présente dans la colle. Le plâtre, la terre cuite et le bois sont les matériaux à privilégier. Les surfaces en bois doivent être naturelles, c'est-à-dire non peintes, laquées ou cirées. Enfin, cette technique offre un meilleur résultat sur les objets non soumis à une usure importante.

FOURNITURES :

- Papier aluminium pour cuisson au four (plus épais)
- Un pinceau bon marché
- Peinture à l'eau de coloris foncé
- Vernis incolore en spray
- Colle pour fixer le métal sur d'autres supports, et pouvant être étalée au pinceau
- Gants en latex (c'est une technique salissante !)

RÉALISATION :

1. Déchirez le papier aluminium en morceaux. Froissez légèrement les morceaux obtenus puis étalez-les à nouveau.
2. Badigeonnez de colle la surface mate de l'aluminium. Veillez à bien couvrir toute la surface des morceaux.
3. Disposez les morceaux encollés sur la surface en bois et frottez fermement à la main, au pinceau sec, ou avec un chiffon doux et sec. Lorsque toute la surface est couverte, laissez sécher pendant 48 heures.
4. Étalez progressivement la peinture foncée sur la surface.
5. Pendant que la peinture est encore humide, frottez au chiffon pour en éliminer la majeure partie. Si la peinture est déjà sèche, humidifiez-la légèrement et frottez avec un chiffon humide.
6. Protégez la surface rénovée par deux couches de vernis incolore en spray.

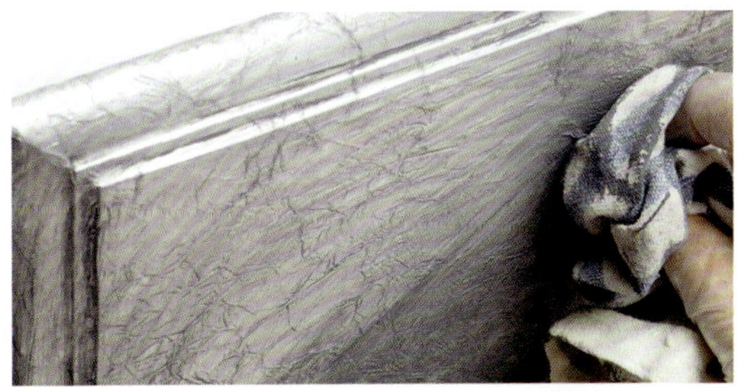

MÉLANGES ÉCLECTIQUES

Mix-and-match, où l'art de mélanger les genres pour créer des ambiances uniques et personnalisées. Le concept de patchwork s'invente une nouvelle définition ; non plus exclusivement cantonné à l'assemblage de chutes de tissu, il s'applique aussi au recyclage des objets et matériaux les plus divers pour des compositions hétéroclites inédites.

Les stocks d'objets de récupération nous obligent à tenter de nouvelles combinaisons et à sortir des sentiers battus. Ces couleurs, motifs et formes que l'on n'aurait pas choisis isolément revêtent un caractère esthétique lorsqu'ils sont associés.

L'aspect dépareillé, faussement inesthétique, domine le principe. Au lieu de rechercher l'harmonie parfaite, on se contente d'établir un dénominateur commun – un thème, une forme, une couleur, un matériau, un type d'objet – qui unira les éléments tout en préservant leur singularité. Et pour un résultat vraiment authentique et spontané, rien de tel qu'une touche détonnante destinée à briser l'unité apparente. Ou comme le résume l'expression consacrée : on fait avec ce que l'on a !

Ô MON MIROIR

Un miroir suffit, me direz-vous. Mais la décoration est aussi un moyen ludique d'aménager son intérieur, sans égard au côté pratique. Ce collage de miroirs différents non seulement égaye le mur mais donne aussi une sensation d'espace dans la pièce.

VAISSELLE DÉCORATIVE

Dépareillez votre vaisselle, comme ce mélange de tasses bigarrées, pour une touche gaie et excentrique dans votre cuisine !

OBJETS CHINÉS

L'ameublement est également concerné par le mix-and-match. Oubliez les ensembles assortis, dont tous les éléments paraissent coulés dans le même moule ! Le coin repas tendance est composé de chaises de styles mélangées.

FONCTION DÉTOURNÉE, À PEINE

Recyclez les torchons anciens en serviettes de table. Sur une table de fête, le mélange des motifs et des couleurs apporte joie et convivialité.

LIRETTES ET VIEUX TAPIS

Les lirettes sont à la mode ! Au lieu d'un unique tapis étalé sur toute la surface de la pièce, mélangez différentes lirettes, éventuellement superposées par endroits. Ces tapis composés de textile recyclés s'attendrissent avec le temps et les lavages répétitifs ; transformez-les alors en jeté de canapé, voire même en nappe.

IMBRICATION

La traditionnelle table de salon laisse place à une composition unique de plusieurs petites tables différentes. Il en résulte une table à étages, déstructurée, multi-dimensionnelle. Variez également la forme et le traitement des surfaces, mêlez pieds droits et pieds tournés.

PUZZLE

Choisissez des tables de hauteurs variées pour faciliter l'assemblage. N'hésitez pas à glisser partiellement une table sous une autre pour offrir plusieurs niveaux, comme une étagère. Enfin, pensez à tronquer certains pieds pour disposer les tables en chevauchement.

PÊLE-MÊLE

Seul sur un mur, un tableau se doit d'être sensationnel pour attirer le regard. Les toiles d'amateur sont en revanche mises en valeur dans une composition hétéroclite, façon collage, comme ces dessins et tableaux simplement suspendus, rassemblés sous la thématique du vert. Un seul élément, le petit tableau réalisé dans une palette de bruns, tranche avec le reste de la collection et lui insuffle une pointe de dynamisme.

VALORISER

Vous collectionnez les boutons récupérés de meubles les plus divers ? Sélectionnez un mélange que vous fixerez à une commode manquant de caractère.

PATCHWORK DE TIROIRS

L'anecdote avec ce meuble de métier est qu'il n'a subi aucune rénovation ! Son aspect est le résultat d'une histoire mouvementée ; repeint aléatoirement avec les couleurs disponibles, réparé par endroits, le meuble a du vécu !

VASES EN PAGAILLE

Disposez sur vos tables d'été de petits bouquets dans des vases aux motifs variés. La forme cylindrique commune à tous les vases est donnée par des boîtes de conserves ou des bocaux en verre recouverts de papier. Choisissez du papier peint, ou du papier utilisé pour le scrapbooking.

PRINT
THE WORLD

Répartis isolément dans la pièce, commodes et consoles se font discrètes. Pourquoi ne pas construire un seul et unique meuble, composé de toutes ces pièces ?

MAXI-MEUBLE

Commodes et consoles ont donc été regroupées en un seul meuble de rangement pour l'atelier. J'ai choisi d'unir tous les éléments par la couleur noire appliquée sur leurs structures respectives. Puis j'ai fouillé dans mon placard à peintures, et couvert les tiroirs de nuances variées. Sur certains tiroirs, j'ai collé des morceaux de cartes géographiques ou de papier cadeau. Je me suis ensuite amusée à fixer des poignées et des boutons originaux piochés dans ma collection.

PASSION : COLLECTION

Les boutons de meuble, c'est comme les bonbons. Il en existe tellement, et ils sont tous si alléchants ! Le problème c'est qu'on ne sait pas vraiment quoi en faire ni la quantité nécessaire. Alors, on en achète un de chaque sorte ! Lors de mes voyages, j'aime flâner dans les boutiques et je cède souvent à la tentation de ramener quelques boutons – un souvenir de vacances, qui trouvera bientôt sa place dans ma maison.

PUZZLE EN PAPIER

Vive le papier peint ! Ces dernières années, ce revêtement mural connaît un regain extraordinaire. Le plus difficile est de faire une sélection parmi l'infinie diversité de couleurs et de motifs. La solution? Choisir tous ceux qui vous plaisent !

Le coût ? Modique. Les enseignes proposent souvent des échantillons de papier pour quelques euros et organisent régulièrement des soldes sur les fins de série ou les anciennes collections. Profitez-en pour faire votre marché. Car pour créer un patchwork de papier, deux principes sont essentiels : multitude et diversité !

MUR CONTRASTANT

Les magazines annoncent de temps à autre la disparition du mur contrastant dans les tendances actuelles. Pourtant, c'est une technique de revêtement pratique, esthétique, modifiable à souhait, et qui donne du style à une chambre, un salon, ou même une cuisine. Il n'est pas nécessaire de couvrir un pan de mur entier !

Il suffit d'une zone définie, d'un angle, d'un renfoncement qui devient le point focal de la pièce. Pour personnaliser la technique, appliquez un mélange de papiers peints. Ici, les différents papiers ont été découpés en carreaux de dimensions égales, puis collés bord à bord.

MUR ORIGINALITÉ

Apportez une dimension personnalisée au concept de mur contrastant, en collant sur le papier peint des pages de vieux livres, des partitions, ou des copies de photos en noir et blanc.

PLATEAU BARIOLÉ

Au placard, les nappes ! Modernisez le plateau d'une table en tapissant toute sa surface de morceaux de papiers différents. Pour préservez la table, couvrez-la d'un plateau amovible sur lequel vous collerez le papier peint – prévoyez un plateau de plus grandes dimensions pour agrandir la table !

RÉALISATION :

Utilisez de la colle à papier peint, et repliez les bords du papier sous le plateau. Fixez une baguette tout autour du plateau pour protéger le papier. Appliquez enfin 2 à 3 couches de vernis incolore à l'eau.

PATCHWORK MODERNE

Laissez libre cours à votre créativité, et amusez-vous ! Disposez pêle-mêle des morceaux de papiers de formats différents, en chevauchement ; procédez à l'instinct. Ne cherchez pas à aligner les bords, à créer une séquence de motifs régulière, ou à assortir les coloris. Lâchez prise !

JETÉ DE LIT

Le patchwork traditionnel dans une version modernisée. Seuls dix coupons de tissu de grandes dimensions composent le dessus de ce jeté de lit contemporain.

Astuce ! Les sur-matelas vendus en grands magasins, peu onéreux, sont idéals pour le rembourrage du jeté de lit. Pour la doublure, utilisez par exemple un drap.
Dimensions : 120 x 172 cm
Marges de couture : 1,5 cm, incluses dans toutes les mesures

TISSUS RECYCLÉS

Chutes de tissus oubliées, vêtements remisés ; le patchwork est une méthode ancestrale de réutilisation des textiles. Pour respecter la tradition, imposez-vous le défi d'exploiter ce que vous avez sous la main, ou bien de réunir des textiles d'occasion, plutôt que d'acheter des tissus neufs dans une mercerie.

Avant de commencer à coudre, prenez soin de laver toutes les pièces pour éviter que le jeté ne se déforme au premier lavage.

FOURNITURES :

- Chutes de coton épais, de jean et de lin – 8 coupons de 43 x 46 cm, et 2 coupons de 83 x 46 cm
- Chutes de tissus de même épaisseur que les coupons précédents pour les chiffres
- Ouate en plaque – 8 morceaux de 41 x 44 cm et 2 morceaux de 81 x 44 cm
- Coton léger pour la doublure – 8 coupons de 43 x 46 cm et 2 coupons de 83 x 46 cm
- Coton léger pour la bordure – 2 bandes de 10 x 172 cm et 2 bandes de 10 x 124 cm
- Biais, 2 – 2,5 cm de largeur x 7 mètres, dans un coloris assorti à la doublure
- Entoilage double face, 1,5 mètre (vendu en mercerie ou dans les boutiques de loisirs créatifs)
- Fil à coudre classique
- Fil à coudre extra-fort pour les surpiqûres

RÉALISATION :

1. J'ai dessiné les chiffres et les lettres à la main dans des styles variés – certains droits et sobres, d'autres plus ronds et enjolivés. Dessinez vos propres motifs à taille réelle : sur du papier, tracez un carré de 40 x 43 cm qui servira de cadre pour le dessin. Placez une feuille de papier à patrons sur le carré, dessinez votre motif, puis découpez-le.
2. Dessinez vos motifs de chiffres et / ou de lettres en miroir sur le papier de protection de l'entoilage. Découpez les motifs. Ôtez le papier d'une face de l'entoilage et placez-le en miroir sur l'envers du tissu, fixez au fer à repasser. Découpez le tissu en suivant le contour de l'entoilage.
3. Après avoir découpé tous vos motifs dans le tissu entoilé, ôtez l'autre papier de protection de l'entoilage. L'entoilage assure une bonne tenue de vos motifs en rigidifiant le tissu, et évite l'épinglage ou le faufilage des pièces. Disposez les motifs sur les coupons de tissu. Fixez les motifs au fer à repasser. Chargez la machine à coudre d'une bobine de fil extra-fort pour l'aiguille supérieure et d'une cannette de fil ordinaire, et piquez au point zigzag le long des bords des motifs (longueur de point = 0,8 à 1, largeur de point = 4 à 5).
4. Placez une pièce d'ouate sur un coupon de doublure. Ajoutez un coupon de tissu orné d'un motif. Épinglez toutes les épaisseurs. Piquez tous les côtés au point zigzag. Quiltez la pièce en piquant au point avant autour du motif. Quiltez éventuellement de la même manière à 3 cm des bords.
5. Disposez les pièces de tissu rembourrées à votre guise. Cousez les pièces du patchwork endroit contre endroit, en bandes composées chacune de trois pièces (ou d'une grande pièce et d'une petite pièce). Pliez le biais en deux dans la largeur, et repassez le pli. Placez le biais sur les marges de couture, puis piquez au point zig-zag.
6 Assemblez les bandes pour obtenir le quilt. Piquez un biais sur les marges de couture. Le jeté est à présent quilté et doublé. L'étape de finition consiste à coudre une bordure en tissu sur les bords.
7. Pliez les bandes en deux dans la largeur, endroit contre endroit, puis repassez. Cousez tout d'abord les longues bandes sur les bords correspondants du quilt : piquez en premier lieu sur le dos du jeté. Repliez la bande autour du bord, et épinglez-la sur le devant. Piquez tout près du pli. Cousez ensuite les bandes courtes : faites tout d'abord un rentré de 2 cm sur les extrémités des bandes, puis piquez comme expliqué précédemment.

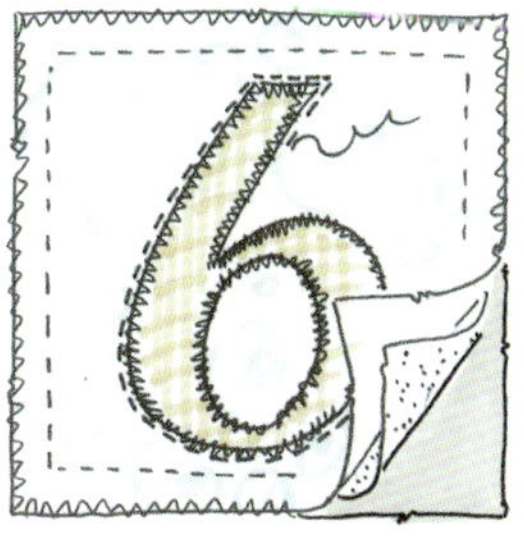

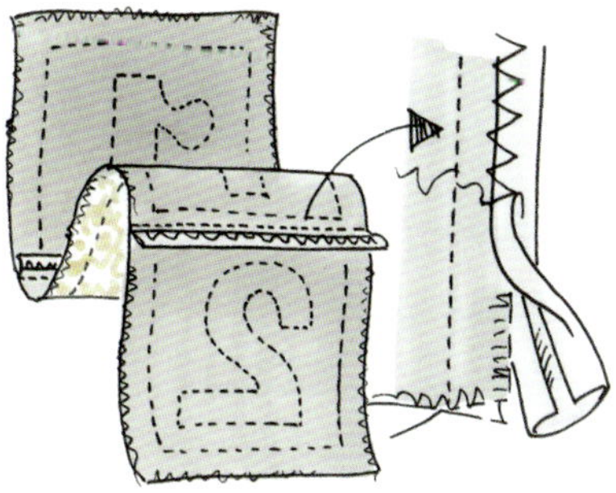

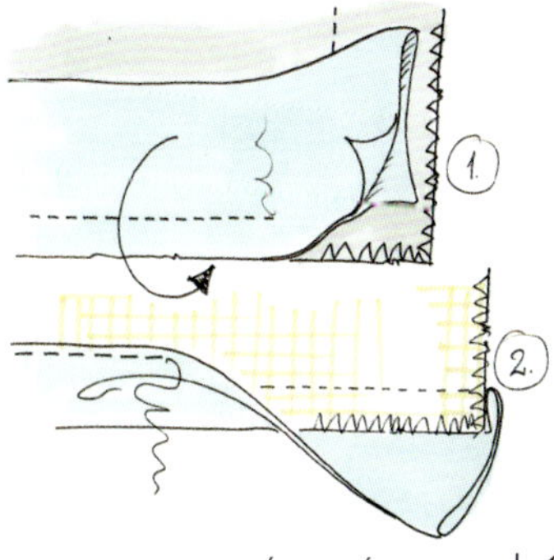

BIBELNS
LAND OCH FOLK
D:R. MAGNUS ROTH
MARMARIKA
TRIPOLITANA
ÄGYPTEN

RÉNOVER UNE CHAISE

Les chaises ont plusieurs vies. Retournez-les dans tous les sens et imaginez-leur un nouveau style. Et si vous pensez qu'elles ne tiennent plus debout, dites-vous qu'elles n'ont pas fini de vous épater – plus les chaises vieillissent, plus elles gagnent en caractère.

BOULIER

Sur les modèles ainsi conçus, les lattes ou les barreaux fixés à l'intérieur du cadre du dossier peuvent tout bonnement êtres supprimés et remplacés par un élément décoratif de votre choix. Ici, je me suis inspirée des bouliers d'antan !

RÉALISATION :

Choisissez une tige métallique pleine de 4 mm de diamètre, disponible en quincaillerie, ou bien utilisez des croisillons pour stabiliser les étagères. Découpez 3 à 4 longueurs identiques.

Procurez-vous de grosses perles en bois dans une boutique de loisirs créatifs et peignez-les dans le coloris de votre choix. Diluez la peinture dans un peu d'eau pour obtenir un effet lasuré plus authentique.

Dans l'un des montants du dossier, percez des trous de part en part de 0,5 à 1 mm plus large que les tiges métalliques. Dans l'autre montant, percez des trous uniquement à mi-épaisseur du montant. Enfoncez les tiges de métal dans le montant entièrement percé, enfilez les perles, puis placez les tiges dans les demi-trous de l'autre montant. Sur l'extérieur du dossier, enduisez de mastic les trous apparents.

DEUX EN UNE

Récupérez tout ce qui peut l'être ! Deux chaises à priori détériorées peuvent donner lieu à une combinaison unique, parmi d'innombrables possibilités. Ici, l'assise et le dossier d'une chaise de cuisine classique est venue se fixer sur les pieds d'une chaise de bureau.

BATTUE PAR LE VENT

Abandonnée pendant quelques années au fond de la cour, la chaise présente une patine naturelle intéressante, dégageant une fragilité esthétique. Si elle perdu sa fonction première, elle est encore utilisable comme table d'appoint avec étagère.

RÉALISATION :

Les chaises sont souvent dotées de traverses unissant les pieds. Il suffit de placer des lattes de bois ou une planche de contreplaqué sur ces supports pour obtenir une petite étagère sous l'assise. Si le modèle est dépourvu de traverses, vissez deux baguettes entre les pieds.
J'ai trouvé dans mon stock d'objets de récupération une caisse en bois grisâtre, dont la patine était proche de celle de la chaise. Les lattes fines de la boîte furent le matériau idéal pour couvrir les trous de l'assise, et pour ajouter une étagère sous l'assise. Petit plus : la face inscrite ajoute une touche déco au nouveau meuble.

DÉCO MINUTE

Recyclez un dossier de chaise en mini tableau d'affichage. Pour cela, tendez un morceau de corde de part et d'autre du dossier et rassemblez quelques épingles à linge pour y suspendre des photos, des poèmes, des images, etc... Si le reste de la chaise est en très mauvais état, conservez juste le dossier que vous accrocherez au mur; il sera à lui seul un élément de décoration original.

FÉMINITÉ

Surprise! Les bottines enfilées aux pieds de cette chaise aux courbes féminines créent un objet ludique et conceptuel. De vieilles chaussettes rembourrent les bottines pour maintenir leur forme. Posé sur l'assise et noué à l'arrière du dossier, un petit drap bordé de dentelle s'est transformé en tablier.

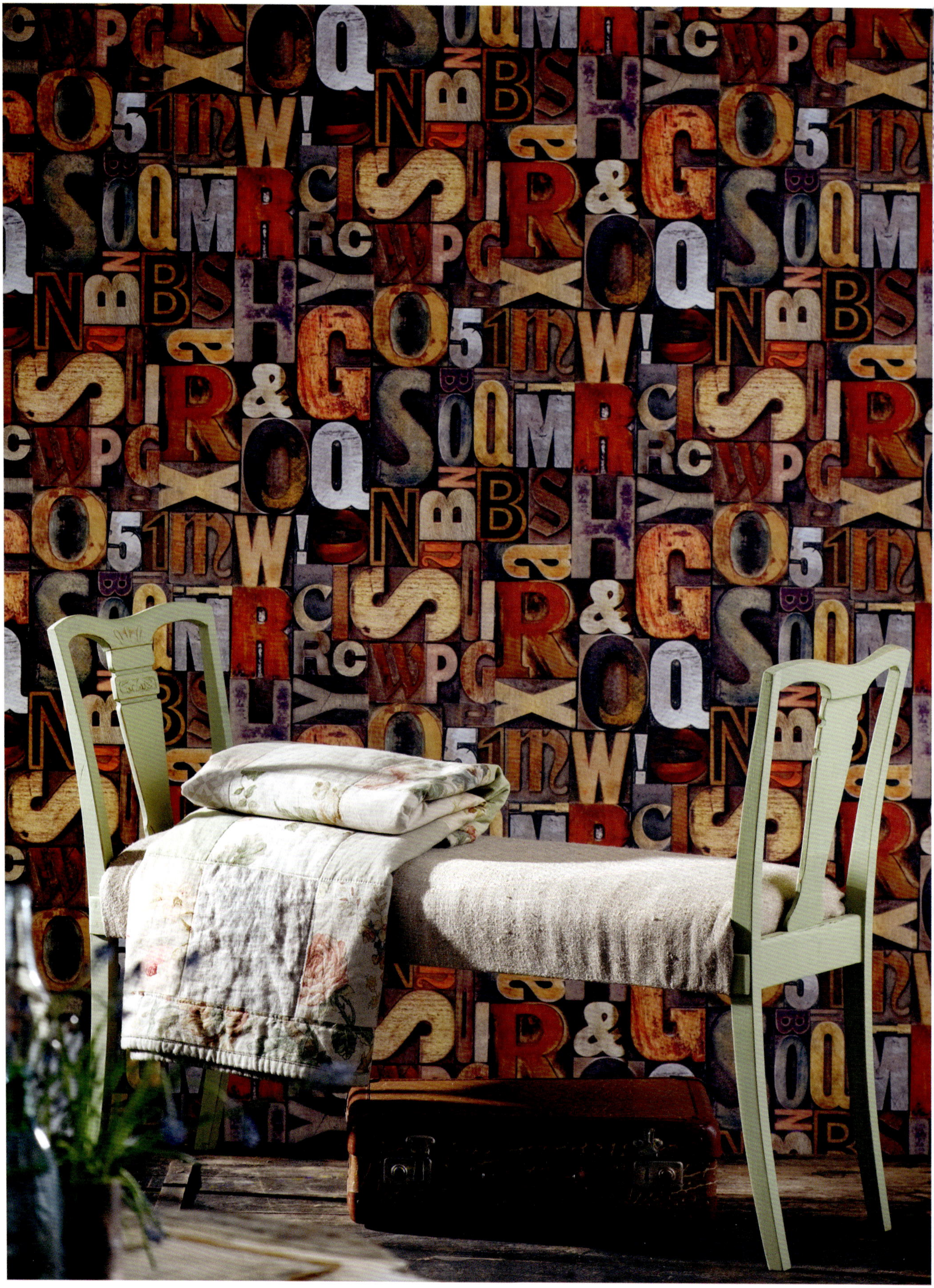

BANQUETTE ASTUCIEUSE

Besoin d'une banquette de petit format assortie à votre intérieur ? Facilitez-vous la tâche ; récupérez deux chaises démodées, dont les moitiés arrière deviendront les côtés de la banquette.

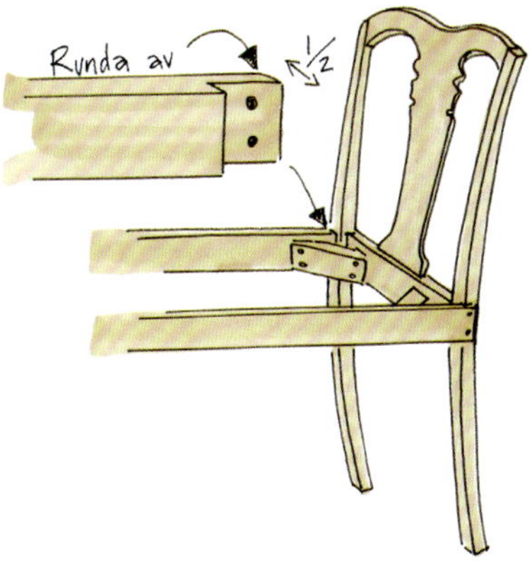

RÉALISATION :

1. Placez une règle le long du bord inférieur de l'assise et marquez un repère à ce niveau sur le pied arrière. Ce repère vous aidera à obtenir un angle droit entre le dossier de la chaise et la nouvelle assise de la banquette. Sciez les chaises derrière l'assise, au plus près du dossier.
2. Préparez des traverses pour réunir les deux dossiers de chaise. Choisissez des lattes de pin raboté de 21 x 56 mm ou 21 x 69 mm – plus la banquette sera longue, plus les lattes seront larges. La longueur de la banquette ne doit pas excéder 150 cm.
3. À chaque extrémité des traverses, sciez une encoche de 11 mm de profondeur, et d'une largeur égale à la largeur des pieds arrière des chaises. Pré-percez les trous pour les vis. Poncez les extrémités des traverses et arrondissez leurs arêtes pour obtenir un aspect plus net.
4. Collez et limez les traverses entre les dossiers de chaise. Si la fixation vous semble insuffisante, consolidez-la par des équerres fixées au niveau des angles, ou encore des renforts en bois fixés entre les traverses et les dossiers. Peignez la structure.
5. L'assise de la banquette peut être composée de lattes perpendiculaires aux traverses, ou d'une planche rembourrée. Sciez les lattes de façon à ce qu'elles dépassent de 1,5 à 2 cm de chaque côté des traverses. Poncez-les, puis appliquez de la peinture, une teinture, ou une simple cire, avant de les fixer par des vis à un intervalle de 5 à 10 mm.
6. Pour une assise rembourrée, découpez une planche de contreplaqué de 10 mm aux dimensions adéquates, puis fixez-la sur la banquette par des vis. Prévoyez un revêtement en mousse de 5 à 7 cm d'épaisseur, à commander chez un tapissier ou à découper dans un matelas fin.
   Habillez la mousse d'un tissu, et rentrez les largeurs du tissu sous la mousse. Placez la mousse doublée sur la planche, puis fixez les longueurs du tissu sur l'intérieur des traverses à l'aide d'une agrafeuse murale.

SUSPENSION

Sciez les pieds d'une chaise et suspendez la structure restante au mur. Idéale en table d'appoint ou de chevet, ou en étagère décorative si elle positionnée un peu plus haut sur le mur.

LA ROUE TOURNE

Du garage au salon, il n'y a qu'un pas, ou plutôt, un tour de roue !
Les vieilles roues de vélo sont admises dans la maison, et donnent de l'élan à l'aménagement intérieur. Ces détails inattendus sauront vous conquérir par leur touche d'humour.

COURONNE DE NOËL

La forme ronde de la roue se prête idéalement aux couronnes de Noël. Habillez-la de végétaux, de corde, de ruban et de mousse, à l'instar des couronnes traditionnelles. Ici, j'ai découpé de larges bandes de toile de jute que j'ai ensuite pliées en boucles et fixées à la jante avec du fil de fer en bobine, en y intégrant de petites branches de pin.

CADRE RAYONNANT

Vous ne trouverez pas d'astuce déco plus simple que celle-ci ! Suspendez une roue de vélo dont vous utiliserez les rayons comme tableau d'affichage. Photos, images, ou autres sont accrochées à l'aide d'épingles à linge en bois.

HORLOGE

Insolite, généreuse, décorative... À l'ère du numérique, les horloges analogiques sont des articles très prisés en aménagement d'intérieur. Le tableau ardoise et la roue forment un mariage des plus heureux dans cette création aux accents steampunk.

RÉALISATION :

1. Débarrassez le moyeu de ses pignons. Sciez un disque de 12 cm de diamètre dans du contreplaqué de 6 mm d'épaisseur. Poncez les bords et peignez le disque. Percez de petits trous dans le disque (voir schéma) et glissez-y du fil d'acier. Placez le disque sur le moyeu de la roue, puis fixez-le en attachant le fil d'acier aux rayons de la roue.

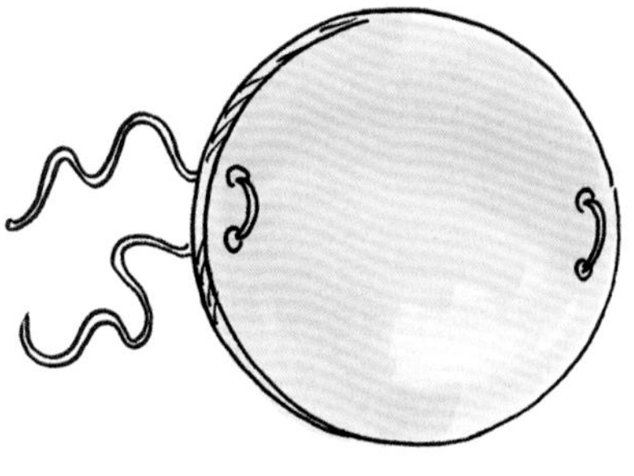

2. Suspendez la roue sur une surface peinte avec de la peinture ardoise – un mur entier, ou un grand tableau. Un panneau de fibres de densité moyenne (MDF) scié aux dimensions précises de l'horloge puis enduit de peinture ardoise produit un effet intéressant.
3. Procurez-vous un mécanisme d'horloge à grandes aiguilles. Enfoncez un petit clou dans le disque au centre de la roue et accrochez-y le mécanisme.

IDÉE BRILLANTE

Lustre immense ou miniature ? Les roues de vélo sont disponibles dans de nombreux diamètres, et constituent de parfaites structures pour fabriquer un lustre à la manière des modèles anciens.

RÉALISATION :

Le métal des jantes de vélo est facile à percer. Percez trois tours à intervalle régulier autour de la roue, et suspendez-la par un système de chaîne et de crochet en S.
Enroulez une guirlande lumineuse autour de la jante. Si vous préférez utiliser des bougies, suspendez par exemple des photophores autour de la roue, ou fixez des bobèches ou des fourreaux sur la jante – de tels supports métalliques sont vendus dans les boutiques de loisirs créatifs. Percez un trou dans chaque support et dans le bord de la jante, puis fixez les supports avec vis, écrou et rondelle.

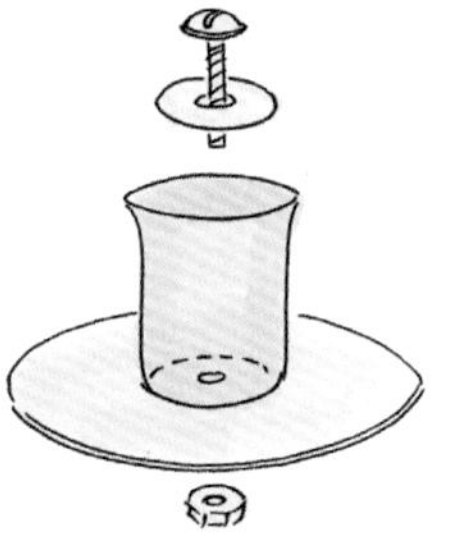

PLANTE GRIMPANTE

Un système de treillage astucieux, réalisé en un clin d'œil. Il suffit de poser la roue sur le bord supérieur du pot, et de glisser deux tuteurs en bois entre les rayons avant de les enfoncer dans la terre.

XII
9
3
VI

CONCLUSION

Le charme des maisons de campagne n'en finit pas de nous séduire... mais faut-il encore se contenter du blanc, du sol au plafond? La tendance shabby chic prend ici des accents d'ambiance industrielle aux lignes sobres et intemporelles, avec pour mots d'ordre : mélange des genres et recyclage. L'auteur s'est inspirée des ateliers reconvertis en lofts, des anciennes écoles, et des étables rénovées en maisons de famille, tous ces lieux partageant le goût des objets démodés, des murs en briques défraîchis, et des meubles patinés.

Ce livre est une mine de conseils pratiques pour transformer tous types d'articles vétustes en de formidables objets de décoration semblant tout droit sortis de la vitrine d'un grand magasin. Un touret érodé devient une bibliothèque pivotante, des valises s'inventent une nouvelle vie de table de salon, des portes à panneaux s'assemblent en sofa, et une roue de vélo corrodée se plaît en lustre à bougies. Anna Örnberg vous explique comment obtenir un effet rouille sur les surfaces les plus diverses, et dévoile ses astuces de peinture et de finition. De nombreux projets faciles et rapides sont également proposés : créer une lampe d'atelier à partir d'un seau en zinc, ou encore détourner des articles de plomberie en métal ou en porcelaine en d'insolites bougeoirs. Chinez dans les brocantes, fouillez greniers et garages, et mettez à profit votre créativité pour personnaliser votre intérieur à moindre frais !

Anna Örnberg est l'auteur de plusieurs livres d'aménagement et de décoration d'intérieur sur le thème du style campagne, qui connaissent tous un franc succès.